30 30 30 인생
남은 30년을 디자인하자

도서출판 윤성사 301

30 30 30 인생
남은 30년을 디자인하자

제1판 제1쇄 2025년 11월 14일

지 은 이   심재권
펴 낸 이   정재훈
꾸 민 이   안미숙

펴 낸 곳   도서출판 윤성사
주   소   우04317 서울특별시 용산구 효창원로 64길 10 백오빌딩 지하 1층
전   화   대표번호_02)313-3814 / 영업부_02)313-3813 / 팩스_02)313-3812
전자우편   yspublish@daum.net
등   록   2017. 1. 23

ISBN 979-11-993902-6-3 (03350)

값 18,000원

ⓒ 심재권, 2025

저자와의 협의에 따라 인지를 생략합니다.

이 책의 전부 또는 일부 내용을 재사용하려면 반드시 사전에 저작권자와 도서출판 윤성사의 동의를 받아야 합니다.

잘못 만들어진 책은 구입하신 서점에서 교환 가능합니다.

30 30 30 인생

남은 30년을 디자인하자

이제 우리는 묻는다.
남은 30년을 어떻게 살아갈 것인가?

Life 30

심재권

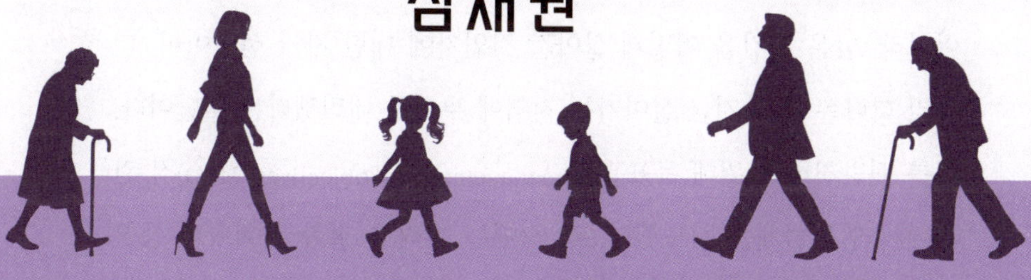

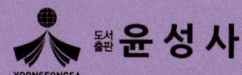

머리말

 이 책은 저자의 오랜 고민에서 비롯되었다. 은퇴를 앞두거나 이미 은퇴한 많은 분들을 만나면서, 은퇴가 단순한 끝이 아니라 새로운 시작임을 깨닫게 되었다. 어떤 이는 은퇴 후 거창한 계획을 이야기했지만 막상 그 시간을 어떻게 살아야 할지 몰라 방황했고, 또 어떤 이는 준비 없는 은퇴 뒤에 고립과 공허 속에서 하루를 흘려보내고 있었다. 그들의 모습은 저자에게 끊임없는 성찰을 요구했고, 이 책은 이런 긴 고민 끝에 맺은 작은 결실이다.
 인생에서 은퇴란 멈춤이 아니라 또 다른 삶의 출발선이다. 새로운 국면 앞에서 우리는 그동안 미뤄 두었던 꿈을 꺼내어 볼 수 있고, 하지 못했던 일들을 비로소 시작할 수 있다. 은퇴는 오히려 자신이 진정으로 원하는 삶을 살아갈 수 있는 소중한 기회다.
 이 책의 핵심은 두 가지 선언으로 집약된다. 하나는 "인생 더 살기 선언", 또 다른 하나는 "지역 정주 선언"이다. 단순히 오래 사는 것이 아니라, 남은 시간을 어떻게 살아갈 것인가에 대한 자기 선언이며, 더 멀리 떠나는 대신 지금 살아가는 지역에 뿌리를 내리겠다는 결단이다. 이를 뒷받침하기 위해 목표관리(management by objectives: MBO)적 관점에서 인생설계를 시도했다. 각 장에는 심리학·철학·사회학의 통찰뿐만 아니라 문학과 역사 속 사례가 담겨 있으며, 실습과 진단도구, 점검표와 워크시트가 수록되어 있다. 독자들은 이를 통해 스스로의 삶을 점검하고, 다시 설계해 나갈 수 있을 것이다.

끝으로, 이 책이 세상에 나오기까지 도움을 주신 분들께 깊은 감사를 드린다. 교직에서 은퇴한 뒤 70대 후반의 나이에도 여전히 멋진 삶을 살아가시는 유창기 천안학연구소 이사장의 조언과 원고 검토는 큰 힘이 되었다. 또한 천안학연구소 연구위원들 그리고 저자가 만나 온 수많은 은퇴자들의 모습 역시 이 책을 완성하는데 귀한 영감이 됐다. 아울러 기꺼이 출판을 허락해 준 윤성사 정재훈 대표께도 진심으로 감사드린다.

2025년 10월
담연재에서
심재권

차례

머리말 · 6
프롤로그 · 12

제1장 시간, 두 번째 인생의 시작   17
다시 시작하는 용기 · 17
앞으로만 흐르는 시간 · 19
깊이로 사는 삶 · 21
오늘이 내일의 얼굴 · 23

제2장 말과 선언이 바꾸는 삶   25
말이 현실이 되는 순간 · 25
숫자가 주는 힘 · 27
선언 이후의 변화 · 28
새 인생을 쓰는 용기 · 30

제3장 기한이 만드는 집중과 몰입   34
끝이 있어야 움직인다 · 34
나만의 시간표 · 36
긴장과 몰입의 심리학 · 39
기한이 그리는 설계도 · 42

제4장 인생설계, 나를 세우는 토대   47
자기인식: 나는 지금 어디에 서 있는가 · · · · · · · · · · · · · · 47
   건강 점검   48
   재정 분석   51
   시간 사용 분석   55
   관계와 관심사 지도   60

목표관리: 인생에도 전략이 필요하다	62
장기 목표	67
분기·월간 계획	69
실행 로드맵	72
실행과 점검: 살아있는 지도 만들기	75
실행 후 피드백	77
변화에 따른 수정	79
지속을 위한 동기부여	82

제5장 삶을 지탱하는 네 기둥　　84

균형 잡힌 삶의 힘	84
한쪽만 강할 때의 위험	85
삶의 포트폴리오	87
오늘부터 점검하기	88
네 기둥 세우기	89
제1 기둥: 건강 관리	90
제2 기둥: 관계와 공동체	92
제3 기둥: 성장과 즐거움	94
제4 기둥: 기반(재정, 기록, 영성)	96
작지만 확실한 실행	98
우선순위 정하기	98
작은 목표로 나누기	100
기록과 점검의 습관화	102

제6장 함께 살아야 더 행복　　106

관계는 의지로 만들어진다	106
자연스러운 관계는 없다	107
연락은 마음의 다리	109
관계는 불씨와 같다	111
신뢰와 상호성의 원리	113

관계 넓히기와 깊어지기 · 116
- 의도적인 만남   118
- 함께하는 프로젝트   121
- 새로운 인맥, 열린 마음   124
- 작은 습관, 깊은 관계   128

외로움과 고립 깨기 · 130
- 먼저 다가가는 힘   131
- 고립 신호 읽기   134
- 나의 이야기 나누기   137
- 상대방의 이야기 들어주기   140
- 공동체와 연결하기   141

제7장 나이 들어도 멈추지 않는 도전   145

나이는 숫자, 가능성은 무한 · 145
- 끝이 아닌 새 출발   146
- 경험의 경쟁력   149
- "할 수 있다"는 믿음   152

배움과 창조의 기회 · 155
- 오프라인과 공동체 학습   156
- 디지털 시대의 배움   159
- 창업과 재도전   160
- 창의적 기록과 표현   166

봉사와 멘토링의 가치 · 169
- 경험 나누기   171
- 봉사로 확장되는 나   175
- 멘토링의 흔적   178

제8장 마지막까지 책임지는 삶   182

죽음을 준비하는 용기 · 182
- 끝까지 책임지기   183

두려움 대신 계획	185
오늘이 선명해지는 순간	189
가치 있는 마무리	192
유언 작성	193
장례 방식 선택	195
장기 기증 의사	197
기억과 이야기를 남기기	200
회고록 쓰기	201
사진과 영상	205
가치관과 신앙 전하기	209

제9장 지역에서 뿌리내리고 사는 기쁨 — 213

지역에 남는 삶의 의미	213
떠남에서 머묾으로	214
정주 선언의 힘	217
나를 지키고, 지역을 살리다	220
지역과 함께 성장하기	222
경험과 지식의 지역에 환원	224
지역학 실천	225
지역공동체 프로젝트	227
지역 라이프스타일	229
지역의 매력 발견	230
로컬 네트워크	233
지역과 함께 익어가기	235

에필로그	238
참고 문헌	244

30 30 30 인생

프롤로그

　오늘날 우리는 '30 30 30 인생'이라는 새로운 주기 앞에 서 있다. 과거에는 30년을 배우고, 30년을 일하며, 남은 10년을 여생으로 보내는 것이 전형적인 삶의 구조였다. 그러나 의학과 생활수준의 향상은 이 공식을 바꾸어 놓았다. 이제는 30년을 배우고, 30년을 일한 뒤에도 또 다른 30년 이상을 살아가는 시대가 된 것이다.

　이 변화는 단순한 수명의 연장이 아니다. 은퇴 이후의 시간이 독립적 단계로 자리 잡았다는 점에서 의미가 매우 크다. "육십 세에 저 세상에서 날 데리러 오거든 아직은 젊어서 못 간다고 전해라"라는 대중가요 「100세 인생」의 한 구절처럼, 장수는 예외가 아닌 보편이 됐다. 이제 누구나 새로운 30년을 어떻게 채울지 선택해야 하는 시대가 된 것이다.

　그러나 준비는 충분하지 않다. 학교도, 가정도, 사회도 역시 은퇴 이후의 삶에 대한 대안을 마련하지 못했다. 그 결과, 부부가 은퇴 후 수십 년을 어떻게 함께 살아갈지, 성인 자녀와의 관계를 어떻게 재정

립할지, 나이가 들어서도 어떤 방식으로 인간관계를 이어갈지는 개인에게 남겨진 과제가 됐다. 준비 없는 노년은 고독과 우울로 이어지고, 한국 사회는 세계에서 가장 높은 노인 자살률이라는 냉혹한 현실과 맞닥뜨려 있다. 장수는 축복이 될 수도, 짐이 될 수도 있다. 그 갈림길은 삶을 어떻게 설계하느냐에 달려 있다.

장수의 시대는 '정주의 시대'다. 더 멀리 가는 대신, 지금 있는 곳에 시 뿌리를 내리고, 관계를 다시 세우며, 공동체와 함께 나이가 들어가는 삶이다. 이것이 앞으로의 30년을 새로운 출발점으로 만드는 길이다.

행동심리학은 구체적 실행 계획을 가진 목표가 단순한 바람보다 훨씬 높은 실천력을 낳는다고 말한다. 그렇기에 은퇴 이후의 삶을 의미 있게 만들기 위해서는 명확한 선언이 필요하다.

"앞으로 30년을 더 살겠다."
"나는 이 지역에서 뿌리를 내리며 살아가겠다."

이러한 선언은 단순한 다짐이 아니라, 남은 시간을 창조의 계절로 전환하겠다는 약속이며, 공동체와 더불어 살아가겠다는 결단이다. 은퇴 이후의 삶은 기다림의 시간이 아니다. 다시 써 내려가는 과정이다. 출발선은 먼 미래가 아니라 지금 이 순간의 결심 속에 있다. 어떻게 설계하느냐에 따라 남은 인생은 소멸의 계절이 될 수도, 창조의 계절이 될 수도 있다.

이 책은 그 출발선에 서 있다. 단순히 오래 사는 법이 아니라, 어떻게 빛나게 살아갈 것인가를 묻는다. 남은 삶은 줄어드는 시간이 아니라, 다시 시작할 수 있는 시간이다. 그리고 이 책은 '30 30 30 인생' 중 마지막 30년을 어떻게 디자인할 것인가에 대한 안내서다. 특히 목표관리(management by objectives: MBO)적 접근을 통해 개인의 삶을 구체적으로 설계하고, 지역학적 접근을 통해 지금 살아가는 곳에서 뿌리를 내리는 방법을 모색한다.

이제 필요한 것은 단 하나의 선언이다.

"지금부터 다시 시작한다."
"그리고 그 시작은 현재 살아온 이곳에서 시작된다."

그리고 마지막으로 기억해야 할 한 가지!
당신의 마시막 30년은 기다림이 아니라 디자인의 시간이다. 그 선택은 지금, 바로 당신의 손에 달려 있다.

Let's design the remaining 30 years

30 30 30 인생

Life
30

제1장

시간,
두 번째 인생의 시작

Let's design the remaining 30 years

다시 시작하는 용기

다시 시작한다는 것은 단순히 새로운 일을 벌이는 행위가 아니다. 오래 이어온 삶의 문장을 잠시 멈추고, 그 위에 또 다른 문장을 덧쓰는 일이다. 여든의 나이에 붓을 잡은 김영자 할머니는 그 사실을 증언한다. 그녀가 캔버스에 첫 선을 그었을 때, 그것은 기술을 배우는 손길이 아니라 "나는 여전히 살아 있다"는 생의 선언이었다. 그림은 외로움을 몰아내고 빈자리를 성취와 생기로 채워 주었다.

그녀의 출발은 곧 이웃에게도 불씨가 되었다. 전시회를 본 사람들은 평생 미뤄 두었던 글쓰기를 시작하거나 손주와 함께 피아노를 배우기 시작했다. 용기는 전염이 된다. 한 사람의 결단이 또 다른 이의 꿈을 흔들고, 그 흔들림은 공동체 전체에 물결을 만든다.

세상은 이런 늦은 출발의 기록으로 가득하다. 영국의 웨슬리(Mary Aline Mynors Wesley)는 일흔에 첫 소설을 냈고, 미국의 모지스(Anna Mary Robertson Moses)는 일흔여섯에 그림을 시작해 뉴욕 현대미술관에 작품을 걸었다. 조선의 김득신은 수없이 낙방했지만 쉰아홉에 과거에 급제하며 "만 번을 읽는다"는 집념을 남겼다. 세월은 늦게 피어나게 할지라도, 그만큼 단단하고 깊은 꽃을 피우게 한다.

에릭슨(Erik Erikson)은 노년을 '통합의 단계'라 불렀다. 이는 삶을 정리하는 동시에 새로운 의미를 길어 올릴 수 있는 시기다. 키에르케고르(Søren Aabye Kierkegaard)는 "삶은 뒤돌아볼 때 이해되지만, 살아갈 때는 앞으로만 나아가야 한다"고 했다. 늦게 시작된 여정이라도 오늘 내딛는 발걸음마다 삶은 다시 태어난다.

문학에서도 마찬가지이다. 단테(Dante Alighieri)의 『신곡』은 "우리 인생의 여정이 중간쯤 되었을 때"라는 구절로 시작한다. 마르케스(Gabriel García Márquez)의 『콜레라 시대의 사랑』은 젊음에 좌절된 사랑이 노년에 다시 이어지는 이야기를 통해, 언제든 새로운 삶이 시작될 수 있음을 보여 준다. 길을 잃은 순간에도, 여전히 다른 길을 찾을 수 있다는 오래된 진실이다.

결국 다시 시작할 수 있는 용기란, 저문 하루 끝에도 태양이 떠오르듯 무너진 자리에서도 새벽을 열어가는 힘이다. 그것은 나이를 넘어 우리 안에 남아 있는 가능성의 또 다른 이름이다.

앞으로만 흐르는 시간

시간은 누구에게나 고르게 흐르지만 동시에 잔인하다. 잃은 재산은 다시 모을 수 있고 잘못 든 길은 되돌아올 수 있지만, 흘러간 시간은 어떤 힘으로도 불러올 수 없다. 시계의 바늘은 오직 앞으로만 움직이고 강물 같은 시간은 단 한순간도 머물러 주지 않는다.

사람들은 자주 '언젠가'라는 말에 기대어 오늘을 미룬다. 그러나 그 언젠가는 오지 않는다. 은퇴를 앞두고 "언젠가 여행을 가겠다"던 지인은 결국 병상에서 그 꿈을 접었다. 그는 늦게야 깨달았다. "'언젠가'라는 말은 미래가 아니라 지금을 잃는 핑계일 뿐"임을. 시간은 기다려주지 않고, 미루기는 곧 기회의 소멸이다.

철학은 오래전부터 이 불가역성을 말해왔다. 아우구스티누스(Aurelius Augustinus)는 우리가 경험하는 시간은 과거와 미래가 아니라 기억과 기대가 스며든 현재라고 했고, 하이데거(Martin Heidegger)는 인간을 "죽음을 향해 가는 존재"라 불렀다. 시간의 유한성은 두려움의 원천이지만 동시에 오늘을 빛나게 하는 근거가 된다.

시대마다 시간은 다른 얼굴로 삶을 지배했다. 고대 그리스는 시간을 크로노스(흘러가는 시간)와 카이로스(결정적 순간)로 나누었고, 수도원의 종소리는 하루를 기도와 노동의 질서로 쪼갰다. 산업혁명은 시간을 시계 톱니바퀴에 가두어 생산성과 돈으로 환산했다. 그러나 한 가지 사실은 변하지 않았다. 시간은 한 번도 멈춘 적이 없으며 앞으로만 흐른다.

문학도 이 진실을 은유로 노래했다. 엘리엇(Thomas Stearns Eliot)은 "시간은 기다려주지 않는다. 그러나 우리는 시간 속에서 산다"라고 썼고, 대중가요 「고장난 벽시계」는 "세월은 고장도 없네"라 읊조렸다. 결국 물음은 하나다. 과거로 돌아갈 수 없다면 오늘을 어떻게 살 것인가?

오늘은 유일한 시간이며, 지금 이 순간은 세상에 단 한 번뿐인 한정판이다. 과거의 후회에 머무르지 말고 오늘의 한 칸을 어떻게 채울지 선택하는 일이 곧 인생을 바꾼다.

옛이야기 속 한 노인은 젊은이에게 말했다.

"네 주머니에 매일 금화 한 닢이 들어온다면, 어떻게 쓰겠느냐?"

젊은이가 "매일 쓰겠습니다"라고 답하자 노인은 미소 지으며 말했다.

"그것이 바로 시간이란 금화지. 오늘 쓰지 않으면 사라진다네."

하루는 금화 한 닢이다. 무심한 스크롤과 불필요한 분노는 구멍난 주머니다. 그러나 몸을 움직인 20분, 다섯 줄의 기록, 한 통의 안부 전화는 내일의 나를 가볍게 한다.

저녁이 오면 스스로에게 물어야 한다.
오늘 무엇을 배웠는가?
오늘 얼마나 몸을 움직였는가?
오늘 누구와 웃음을 나누었는가?
오늘을 한 줄로 요약한다면 무엇인가?

짧은 성찰이 습관이 되고, 습관이 하루의 윤리를 만든다. 결국에 우리가 가진 것은 오늘의 금화 한 닢뿐이다. 사라지기 전에 어디에 쓸지 지금 정해야 한다.

깊이로 사는 삶

사람들은 오래 사는 것을 꿈꾸지만, 긴 세월이 반드시 충만한 삶을 보장하지는 않는다. 한국인의 평균수명은 83세지만, 건강수명은 73세에 불과하다. 마지막 십 년을 병원에 의존하는 삶과 여전히 스스로 옷을 입고 웃음을 나누는 삶은 전혀 다르다.

삶의 깊이는 짧은 산책과 소박한 대화 같은 사소한 반복에서 비롯된다. "삶은 질이지 양이 아니다"라는 말처럼, 진정한 평가는 사랑과 진실한 하루에 달려 있다. 서른을 갓 넘긴 나이에 생을 마감한 알렉산더 대왕은 세계사의 흐름을 바꾸었고, 스물일곱에 세상을 떠난 윤동주 시인은 지금도 그의 시와 삶으로 세대를 감동시킨다. 그들의 힘은 수명에 있지 않았고, 하루를 얼마나 진실하게 살았는가에 달려 있었다.

사회학 연구 역시 이를 뒷받침한다. 삶의 만족도를 결정짓는 것은 수명의 길이가 아니라 관계와 의미다. 긴 생애라도 고립된 삶은 공허했지만, 짧은 생애라도 사회적 유대와 의미 있는 활동이 있다면 훨씬 더 충만했다.

결국 삶의 가치는 길이가 아니라 깊이에 있다. 중요한 것은 남은 시간이 얼마인가가 아니라, 지금 이 순간을 어떻게 살고 있는가다. 한 줌의 사랑, 한 마디의 위로, 한 줄의 시가 긴 세월보다 더 오래 마음에 남는다.

오늘이 내일의 얼굴

노년의 얼굴은 단순히 세월이 새긴 주름이 아니다. 그것은 수십 년의 습관과 마음가짐이 쌓여 드러난 흔적이다. 날마다의 웃음과 감사는 얼굴을 밝히는 빛이 되고, 불평과 고립은 그림자가 된다. 노년의 표정은 먼 훗날 저절로 생기는 것이 아니라 오늘의 태도 속에서 이미 만들어지고 있다.

새벽마다 아이들에게 글을 가르치던 한 할머니의 마지막 10년은 피곤이 아니라 이야기와 웃음으로 채워졌다. 반대로 관계를 끊고 홀로 지낸 또 다른 노인의 얼굴은 무표정과 냉담함으로 굳어 있었다. 하루의 선택이 쌓여 한 사람의 마지막 얼굴을 결정한다는 사실은 분명했다.

역사 속에서도 노년의 얼굴은 삶의 무게를 담아냈다. 공자(孔子)의 제자 안회(顔回)는 젊은 나이에 세상을 떠났지만 기록 속 그의 얼굴은 평온했다. 다산 정약용은 고난과 유배를 견디며 학문을 이어갔고, 말년에는 온화한 얼굴로 회자되었다. 주름은 단순한 흔적이 아니라 태도가 남긴 문장이었다.

사회학 연구에서도 이를 증명하고 있다. 일본과 북유럽의 조사에 따르면 노년의 만족도를 결정짓는 것은 재산이 아니라 관계였다. 친구와 자주 대화하는 이들은 건강과 마음이 안정되었고, 관계가 단절된 이들은 우울과 질병에 취약했다. 결국 관계가 노년의 가장 든든한 안전망이었다.

노년은 시간이 줄어드는 시기가 아니다. 오늘의 미소와 대화가 훗날 주름선이 되고, 오늘의 선택이 마지막 표정을 결정한다. 노년의 얼굴은 우연이 아니다. 그것은 오늘을 살아낸 삶의 총합이며, 한 사람이 걸어온 시간의 초상화다.

제2장

말과 선언이 바꾸는 삶

Let's design the remaining 30 years

말이 현실이 되는 순간

사람은 하루에도 수많은 다짐을 한다. 그러나 가슴속에만 머문 결심은 쉽게 흩어진다. 아무도 듣지 못하고, 책임도 따르지 않기에 금세 사라진다. 하지만 그 다짐이 입술을 지나 세상에 닿는 순간 상황은 달라진다. 말은 사라지는 소리가 아니라, 현실을 바꾸는 약속이 된다. 언어는 단순한 도구가 아니라 존재를 새롭게 짓는 힘이다.

마틴 루터 킹(Martin Luther King Jr.) 목사의 "I Have a Dream"은 한순간의 연설이 아니라 사람들의 심장에 새겨져 사회를 흔든 울림이었다. 작은 발언도 다르지 않다. 한 직장인이 회의 자리에서 "나는 팀원들의 성장을 돕겠다"고 선포했을 때, 그의 삶은 이미 다른 궤도로 접어들었다. 한국에서도 한 은퇴자가 "앞으로 10년은 지역 아이들을 가르치겠다"고 선언하며 공부방을 열었을 때, 그 한마디는 새로운 공동체의 출발이 되었다. 선언은 거창한 무대가 아니라 일상에서도 삶을 움직이는 힘이 된다.

심리학은 이를 인지부조화로 설명한다. 사람은 말과 행동이 어긋날 때 불편을 느끼고, 그 불편을 줄이려 행동을 고친다. "나는 매일 30분 책을 읽겠다"고 공개적으로 말한 이는 피곤해도 책을 펼친다. 말이 행동을 이끄는 다리가 되기 때문이다.

혼자 결심할 때보다 공개적으로 다짐을 밝힐 때 실천율은 더 높아진다. 인간은 행동의 일관성을 지키려 하고, 약속을 들은 타인은 증인이 된다. 이 구조가 개인의 결심을 묶어 두면서도 밀어 올린다. 언어는 사회적 맥락 속에서 증폭되며, 공동체의 힘을 빌려 개인의 삶을 다시 세운다. 한국처럼 서로의 시선을 의식하는 문화에서는 이 효과가 더욱 강하다. "함께 들은 말"은 관계적 책임이자 문화적 약속이 된다.

문학 역시 오래전부터 말의 힘을 노래해 왔다. 릴케(Rainer Maria Rilke)는 언어를 씨앗에 비유했다. 말은 흩어져 사라지는 것이 아니라 누군가의 마음에 뿌려져 자라난다. 나 자신에게 던진 말조차 결국 삶의 풍경을 바꾸는 씨앗이 된다.

결국 다짐은 미래의 문을 여는 주문이다. 목소리에 담긴 의지가 누군가의 마음에 닿고 행동으로 이어질 때, 언어는 단순한 소리가 아니라 현실이 된다. 우리가 내뱉는 한마디는 씨앗처럼 자라나 삶과 세상을 새롭게 구성한다.

Let's design the remaining 30 years

숫자가 주는 힘

막연한 바람은 쉽게 흩어진다. 그러나 숫자가 붙는 순간 희미한 소망은 선명한 목표가 된다. "언젠가 운동을 시작해야지"라는 말은 공허한 메아리지만, "올해 안에 100일, 매일 5,000보를 걷겠다"는 약속은 달력 속에 기록되며 행동을 바꾼다. 숫자는 흐릿한 의도를 구체적으로 빚어내는 엔진이다.

역사를 돌아보면, 숫자는 늘 삶의 질서를 세워 왔다. 로마 군단은 하루 행군 거리를 마일로 정해 움직였고, 수도원은 종소리에 따라 시간을 나누어 기도와 노동을 조율했다. 근대의 노동자들은 '하루 8시간'을 외치며 삶을 바꾸었고, 한국의 '주 52시간' 제도 역시 노동과 휴식의 경계를 새롭게 그은 사회적 약속이었다. 숫자는 단순한 계산이 아니라 시대를 움직이는 상징이었다.

심리학도 이를 뒷받침하고 있다. 파킨슨의 법칙(Parkinson's Law)처럼 일은 시간만큼 늘어나지만, 마감일이 있으면 행동은 즉시 달라진다. SMART(Specific, Measurable, Achievable, Relevant, Time-bound) 목표원칙이 결심을 실천으로 바꾸는 힘도 여기에 있다. 숫자가 붙는 순간 길은 또렷해진다.

삶의 장면도 마찬가지다. 한 은퇴자는 "앞으로 남은 저녁 식사가 천 번이라면 누구와 함께할 것인가"를 자문했고, 이는 매주 가족과의 식사로 이어졌다. 또 다른 이는 "앞으로 10년간 손주에게 편지 100통을 쓰겠다"고 다짐했다. 숫자가 정성을 지속 가능한 다리로 바꾸어 주었고, 기록은 세월을 넘어 관계를 이어 주었다.

창작의 세계에서도 숫자는 빛을 발한다. 무라카미 하루키(村上春樹)는 매일 원고지 10장을 쓰고 10㎞를 달렸으며, 빅토르 위고(Victor Hugo)는 일정 분량을 꾸준히 써 내려가며 『레 미제라블(Les Miserables)』을 완성했다. 반복된 숫자가 짐이 아니라 리듬이 되어 창조의 토대가 된 것이다.

숫자는 집중을 불러내고, 집중은 꾸준함을 만든다. 꾸준함은 완성을 가능케 한다. 숫자의 힘은 차갑고 딱딱한 계산이 아니라, 우리의 시간을 붙잡아 삶의 리듬으로 새겨지는 울림이다.

선언 이후의 변화

선언은 단순한 말이 아니다. 입술을 떠나는 순간, 그것은 습관을 바꾸고 삶의 궤도를 전환한다. 선언은 무형의 소리가 아니라 보이지 않는 질서를 세우는 첫걸음이다.

은퇴 후 많은 이들은 관계의 끈이 느슨해진다고 말한다. 그러나 "매주 수요일 오후, 동네 공원에서 걷기 모임을 한다"는 소박한 약속 하나가 사람들을 불러 모은다. 시간이 흐르면 그것은 노년의 가장 든든한 안전망이 된다. 핀란드의 장기 연구는 꾸준한 모임이 건강뿐만 아니라 마음의 온기도 지켜 준다고 말한다. 한국에서도 "주 2회 함께 밥을 먹자"는 단순한 말이 노년의 고립을 줄이는 중요한 장치가 된다. 말은 관계를 살아 있는 생명체처럼 숨 쉬게 한다.

습관도 마찬가지다. 마야 안젤루(Maya Angelou)는 매일 새벽 다섯 시, 자신에게 한 약속을 지키듯 책상 앞에 앉았다. 그 다짐은 작품으로 꽃피었고, 반복된 리듬은 그녀의 생애를 지탱했다. 뇌는 새로운 습관이 반복될 때 스스로 다른 길을 만든다. 마치 자주 걸었던 오솔길이 점점 뚜렷해지듯, 말은 길을 내고 그 길은 다시 우리를 이끈다.

시간 또한 선언 앞에서 달라진다. "앞으로 365일, 하루에 한 장씩 그림을 그리겠다"는 약속은 하루를 작품의 첫 장으로 바꾼다. 한국의 한 70대 화가는 "앞으로 남은 1,000일 동안 매일 수묵화를 그리겠다"고 선언해 전시회를 열었고, 또 다른 이는 "500일 동안 하루 한 편의 시를 쓰겠다"고 다짐해 시집을 냈다. 숫자와 선언이 결합할 때, 시간은 새로운 서사가 된다.

그리고 선언은 정체성을 바꾼다. "나는 퇴직자다"라는 말은 문을 닫지만, "나는 배움의 길 위에 있는 사람이다"라는 말은 길을 연다. 유럽의 고령자 교육 연구는 학습자로 자신을 규정한 이들이 훨씬 활기차게 살았음을 보여 준다. 한국에서도 "나는 여전히 현역이다"라는 선언과 함께 평생교육 과정을 밟는 시니어들이 늘어나고 있다. 언어는 자아를 새로 짓는 힘이며, 정체성은 삶을 재구성하는 틀이다.

결국 선언은 바람처럼 흩날리는 소리가 아니다. 그것은 관계를 불러 모으고, 습관을 단단히 세우며, 시간을 특별하게 만들고, 존재의 이름을 새롭게 한다. 선언 이후의 삶은 어제의 연장이 아니라 새로운 이야기의 출발이다.

새 인생을 쓰는 용기

은퇴는 끝이 아니다. 또 다른 문이 열리는 순간이며, 새로운 출발선에 깃발을 꽂는 일이다. 나이는 과거의 숫자가 아니라 앞으로 써 내려갈 인생의 첫 장이 될 수 있다.

세계 곳곳에는 나이를 넘어 새 길을 걸은 사람들이 있다. 넬슨 만델라(Nelson Mandela)는 감옥에서 풀려난 뒤 일흔이 넘어 대통령이 되었고, 프랭크 로이드 라이트(Frank Lloyd Wright)는 팔십이 넘어서 구겐하임 미술관을 설계했다. 화가 그랑마 모지스(Grandma Moses)는 70대 후반에 그림을 시작해 뉴욕 현대미술관에 작품을 걸었다. 한국의 한 시니어는 고향에 작은 도서관을 세워 아이들과 책으로 연결되었고, 또 다른 이는 "책 500권을 읽고 기록하겠다"는 약속을 세워 북클럽을 만들었다. 이들의 공통점은 하나다. 늦었다고 여긴 순간이 사실은 가장 빠른 출발점이었다는 깨달음이다.

철학은 이를 '결단'이라 부른다. 키에르케고르는 삶이 끊임없는 결단의 연속이라고 했다. "나는 은퇴자다"라는 닫힌 이름 대신, "나는 창작자다, 나는 배우는 자다, 나는 나누는 사람이다"라는 새로운 이름을 입는 순간 정체성이 달라지고 삶의 풍경도 달라진다.

역사 속 선언은 세상을 바꿨다. 링컨(Abraham Lincoln)의 게티스버그 연설은 민주주의의 새로운 길을 열었고, 3·1운동의 독립선언은 억눌린 민중에게 자유의 불씨를 지폈다. 거대한 외침과 개인의 작은 다짐은 규모는 달라도 현실을 바꾸는 힘에서는 같다.

문학에서도 파울로 코엘료(Paulo Coelho)의 『연금술사』는 언제든 떠날 수 있다는 믿음을 말했고, 로버트 프로스트(Robert Lee Frost)의 「가지 않은 길」은 선택이 곧 새로운 지도를 그린다고 노래했다. 한국 시인 나태주가 노년에도 「풀꽃」을 쓰며 삶의 아름다움을 새겨 넣은 모습 역시 나이는 새로운 언어를 시작할 수 있다는 증거다.

오늘날 시니어 대학과 지역문화센터, 평생학습의 장에서도 사람들은 나이가 아니라 열정으로 연결된다. 작은 만남이 새로운 도전의 토양이 되고, 배움의 즐거움이 노년의 얼굴을 밝힌다. "나이는 짐이 아니라 날개"라는 말은 이곳에서 현실이 된다.

결국 새로운 다짐은 과거와 단절하는 외침이 아니라, 새로운 삶을 여는 열쇠다. 그것은 자기 자신에게 건네는 계약이며 동시에 공동체에 보내는 신호다. 오늘의 선언은 내일의 표정을 바꾸고, 남은 시간을 다시 춤추게 한다. 인생은 언제든 다른 빛깔로 덧칠될 수 있고, 노년은 여전히 새 이야기를 써 내려갈 수 있다.

Let's design the remaining 30 years

인생 더 살기 선언서(예시)
― 시간은 내게 남은 것이 아니라, 내가 선택한 것이다 ―

선언 내용

나는 오늘, 나의 삶을 다시 설계하기로 결심한다.

나는 앞으로 ○○년을 더 살아갈 것이다.

그 시간은 우연히 주어진 것도, 무의미하게 흘러갈 것도 아니다.

그것은 내가 의지로 선택한 시간이며 의미와 기쁨, 배움과 나눔으로 채울 나의 두 번째 인생이다.

나는 이 시간을 두려워하지 않고, 지나온 날들을 후회하지 않으며,

다가올 날들을 나의 손으로 그려 나갈 것을 선언한다.

 이제 나는 매일 아침 "나는 아직 살 날이 있다"는 기쁨으로 일어선다.

 나의 남은 시간을 사랑하고, 나의 하루를 존중하며,

 내 삶을 '흘러가는 시간'이 아닌 '살아내는 시간'으로 만든다.

 지금 이 순간, 나는 선언한다.

 나는 앞으로 ○○년을 더 살 것이며,

 그 시간을 나의 삶으로, 그리고 내가 속한 공동체의 미래로 채울 것이다.

_____년 _____월 _____일

선언자: _____

서 명: _____

제3장

기한이 만드는 집중과 몰입

끝이 있어야 움직인다

끝은 불편한 제약처럼 보이지만, 실제로는 새로운 시작을 가능하게 하는 조건이다. 은퇴 후 많은 이들이 "이제 시간은 많다"고 말한다. 그러나 바로 그 많음이 오히려 덫이 된다. 아침에 일어나도 서두를 일이 없고, 점심 약속도 없으며, 저녁은 텔레비전으로 흘러가면 삶의 리듬은 금세 무너진다.

심리학 연구도 이를 잘 보여 준다. 은퇴자 두 집단에 글쓰기 과제를 주었을 때, 마감이 없는 집단은 시작조차 하지 못했지만, '일주일 안에'라는 기한이 주어진 집단은 높은 완성도를 보였다. 인간은 제한된 시간 속에서 비로소 집중한다.

철학자 한나 아렌트(Hannah Arendt)는 인간의 활동을 노동·작업·행위로 구분하며, 행위를 "새로운 시작을 열어가는 능력"으로 보았다. 행위는 언제나 타인과 관계 속에서 나타나며, 끝맺음이 있기에 다음 시작이 열린다. 결혼식도 날짜가 있어야 준비가 가능하고, 여행도 출발일이 있어야 짐을 싼다. 끝은 멈춤이 아니라 시작의 조건이다.

역사 속에서도 주기는 삶을 조직했다. 올림픽은 4년 주기가 있었기에 각 도시국가가 훈련을 지속할 수 있었고, 로마의 집정관 임기는 1년으로 제한되어 권력 교체와 견제가 가능했다. 근대의 공교육은 학기와 방학으로 학습의 리듬을 만들었고, 산업혁명기의 공장은 하루를 교대로 나누어 생산성과 생활을 조율했다. 끝은 혼란을 정리하고 도약을 가능케 한 사회적 장치였다.

문학 역시 이를 은유로 담아냈다. 셰익스피어(William Shakespeare)의 『템페스트』에 "지나간 것은 모두 서막일 뿐(What's past is prologue)"이라는 구절이 있듯이, 끝은 완결이 아니라 앞으로 펼쳐질 이야기를 위한 서곡이다.

따라서 끝은 제약이 아니다. 끝은 삶을 다시 움직이게 하는 기폭제다. 은퇴 이후의 시간도 무한히 늘어놓는 것이 아니라 작은 단위로 나눌 때 생기가 되살아난다. "화요일은 독서 모임, 목요일은 운동, 금요일은 손주와 함께"처럼 기한을 정하면 일상이 다시 살아난다.

끝이 있기에 시작이 가능하고, 시작이 있기에 인생은 다시 노래한다.

주간 기한표(샘플)

각자 자신만의 '주간 기한표'를 작성해 보라. 하루를 아침·오전·오후·저녁의 네 구간으로 나누고, 각 구간마다 '작은 끝'을 설정하는 것이다.

요일	아침(6~9시)	오전(9~12시)	오후(1~5시)	저녁(6~9시)
월요일	산책 30분	책 1장 읽기	정리/청소	일기 쓰기
화요일	스트레칭	독서모임 준비	시장 보기	TV 대신 산책
수요일	산책 30분	뉴스 정리	취미 활동	친구와 통화
목요일	가벼운 운동	글쓰기	손주와 놀이	명상 10분
금요일	시장 보기	책 읽기	요리 연습	손주와 저녁
토요일	등산/걷기	취미 활동	집안일	가족 모임
일요일	예배/명상	가벼운 독서	휴식	한 주 점검

나만의 시간표

은퇴 이전에는 회사와 사회, 제도가 우리의 시간을 나누어 주었다.

보고서 제출일, 회의 일정, 세금 납부일 같은 기한이 일상을 규정했다. 그러나 은퇴 이후에는 외부의 리듬이 사라지며 허무와 혼란을 경험하기 쉽다. 바로 이때 필요한 것이 자기 자신이 만드는 시간표다.

자기 시간표는 단순한 일정 관리가 아니다. 삶을 다시 손에 쥐는 행위다. 어느 은퇴자는 "매달 한 권씩 고전을 읽겠다"는 목표를 세우고 기록장을 마련했다. 시간이 흐르자 서가에는 책이 쌓였고, 그는 "나는 여전히 배우고 성장할 수 있는 존재"라는 확신을 되찾았다. 자기 시간표는 성취를 넘어 자존감을 복원하는 장치였다.

심리학 연구에 따르면 스스로 기한을 정한 사람은 그렇지 않은 사람보다 목표 달성률이 높다. 남이 정한 마감은 부담이 되지만, 자신이 정한 기한은 책임과 동기를 함께 불러낸다. 변명할 대상이 없기 때문이다.

사회학적 관점에서 자기 시간표는 새로운 정체성을 빚는다. 피에르 부르디외(Pierre Bourdieu)가 말한 '습관(habitus)'처럼, 반복된 실천은 삶의 패턴을 형성한다. 농경사회에서 24절기가 농부들의 삶을 조직했듯이, 이슬람의 하루 다섯 번 기도가 생활을 묶었듯이, 개인의 시간표도 흩어진 일상을 의미 있는 구조로 엮어 준다.

무엇보다 중요한 것은 자기 맞춤형 설계다. 꾸준히 이어 가는 루틴형도 있고, 기한 직전 몰입하는 폭발형도 있다. 루틴형은 고정된 시각과 장소를 정해 몰입을 자동화하고, 폭발형은 중간 점검일을 두어 마지막의 강렬함을 보완한다. 각자는 스스로에게 맞는 유형을 점검표로 확인하고, '내가 몰입하기 좋은 시간대와 방식'을 찾아보는 실습을 통해 자기 시간표를 설계할 수 있다.

결국 자기 시간표를 세운다는 것은 "나는 여전히 내 삶의 주인이다"라는 선언이다. 외부의 기한이 사라진 자리에 스스로의 기한을 세우는 순간, 은퇴 이후의 시간은 공허가 아니라 새로운 완성감으로 채워진다.

자기 시간표 유형 진단표

아래 문항을 읽고, 본인에게 가까운 쪽에 체크해 본다.

문항	A(루틴형)		B(폭발형)	
1	나는 일정한 시간에 일어나는 것이 편하다.	☐	나는 상황에 따라 늦게 자고 늦게 일어나도 괜찮다.	☐
2	목표를 조금씩 매일 실천하는 편이다.	☐	막판에 몰아쳐서 해내는 경우가 많다.	☐
3	반복되는 루틴이 안정감을 준다.	☐	변화가 있어야 집중이 잘 된다.	☐
4	계획표에 따라 행동할 때 성취감이 크다.	☐	데드라인 직전에 긴장할 때 에너지가 더 생긴다.	☐

| 5 | 일찍 시작해 여유 있게 끝내고 싶다. | ☐ | 벼락치기가 나를 더 몰입하게 만든다. | ☐ |

채점 방법

- A 선택이 3개 이상이면 → 루틴형
- B 선택이 3개 이상이면 → 폭발형
- A, B가 비슷하다면 → 혼합형(루틴 + 폭발)

적용 가이드

- 루틴형: 매일 정해진 시간·장소에서 같은 행동을 반복하는 것이 효과적임 (예: 매일 오전 9시 독서, 오후 3시 산책).
- 폭발형: 큰 목표를 설정하고 중간 점검일을 두어 막판 집중력을 보완(예: 한 달 프로젝트 → 2주차 점검, 4주차 마감).
- 혼합형: 주간 루틴은 유지하면서, 중요한 목표는 기한 직전 집중 시간을 별도로 확보.
- ✦ 이 진단표는 단순히 "나는 어떤 사람인가?"를 구분하기보다, 자신의 시간 사용 습관을 자각하고 맞춤형 시간표를 설계하게 돕는 데 목적이 있다.

긴장과 몰입의 심리학

기한은 단순히 마감을 강제하는 장치가 아니다. 그것은 몰입(flow)

을 가능하게 하는 심리적 조건이다. 미하이 칙센트미하이(Mihaly Csikszentmihalyi)는 몰입을 "시간이 멈춘 듯 활동 그 자체가 즐거운 상태"라고 정의했다. 그러나 몰입은 저절로 생기지 않으며, 반드시 적절한 긴장과 도전이 함께해야 한다.

한 은퇴자는 "올해 안에 수필 두 편을 쓰겠다"는 목표를 세웠다. 처음에는 막막했지만, 달력이 줄어드는 긴장감이 그를 매일 책상 앞에 앉게 했다. 1년이 끝날 무렵, 그는 원고를 완성하며 "내 일상도 기록할 가치가 있다"는 사실을 깨달았다. 기한이 만든 긴장이 몰입의 문을 연 것이다.

인지심리학은 이를 각성(arousal) 수준 개념으로 설명한다. 긴장이 너무 낮으면 무기력해지고, 지나치게 높으면 불안해지지만, 적절한 긴장은 집중을 끌어내 삶의 에너지를 모아 준다. 실제로 기한이 주는 압박은 호르몬 분비를 촉진해 단기적으로 사고를 선명하게 하고 행동을 집중시킨다. 긴장은 구속이 아니라 몰입을 여는 생리적 장치다.

연구 결과도 이를 뒷받침한다. 스탠퍼드대 실험에서 무기한 과제를 받은 집단보다 "48시간 안에 완성하라"는 조건을 받은 집단이 더 창의적이고 완성도 높은 결과를 냈다. 긴장감이 사고를 압축해 핵심에 몰입하게 만든 것이다.

문학 역시 이 경험을 은유로 담아냈다. 릴케(Rainer Maria Rilke)는 『두이노의 비가』에서 삶이 덧없기에 오히려 그 아름다움이 빛난다고 노래했다. 끝이 있다는 자각, 그리고 그로 인한 긴장이야말로 예술과 삶을 선명하게 드러내는 힘이다.

결국 긴장은 삶의 적이 아니다. 그것은 우리를 깨어 있게 하고, 몰입으로 이끄는 불빛이다. 은퇴 이후에도 스스로 기한을 정하고 작은 도전을 계획해 보라. "이번 달 안에 가족에게 편지 쓰기", "2주 안에 사진 앨범 정리하기"와 같은 기한은 긴장을 낳고, 그 긴장은 곧 몰입으로 이어진다. 긴장을 회피하지 않고 활력으로 전환할 때 은퇴 이후의 시간은 다시 선명하게 살아난다.

나만의 몰입 도전 리스트

1단계: 작은 도전 정하기

- ☐ 이번 주 안에 해보고 싶은 일 → _____
- ☐ 이번 달 안에 꼭 끝내고 싶은 일 → _____
- ☐ 올해 안에 성취하고 싶은 일 → _____

2단계: 기한 정하기

- 시작일: _____ 월 _____ 일
- 마감일: _____ 월 _____ 일
- 중간 점검일: _____ 월 _____ 일

3단계: 긴장과 몰입을 돕는 방법

- ☐ 매일 정해진 시간에 같은 장소에서 하기(루틴형)
- ☐ 기한 직전 몰입을 위해 중간 점검일 확보(폭발형)
- ☐ 방해 요소 줄이기(TV, 휴대폰, 잡음 등)
- ☐ 보상 정하기(완료 후 나에게 주는 선물: _____)

4단계: 실행 점검

- ☐ 오늘 실천했는가? (예 / 아니오)
- ☐ 이번 주 성취율: _____ %
- ☐ 느낀 점 / 변화: _____

◆ 이 실습지는 체크박스(☐)와 빈칸을 활용해 독자가 직접 적고 관리할 수 있도록 했다.

Let's design the remaining 30 years

기한이 그리는 설계도

기한은 단순한 마감일이 아니다. 삶을 구조화하는 설계도다. 은퇴 후의 시간은 끝없이 흘러가는 강처럼 보이지만, 기한을 두는 순간, 흐름은 구간으로 나뉘고 다리를 놓을 수 있게 된다.

예를 들어 10년 뒤 세계여행을 꿈꾼다고 하자. 막연해 보이지만, 5년 안에 재정을 준비하고, 2년 안에 여행 루트를 짜며, 이번 달부터 언어 공부를 시작한다면 꿈은 오늘의 행동과 연결이 된다. 이처럼 기한은 시간의 사다리이자 꿈을 현실로 잇는 다리다.

중요한 것은 점검과 수정이다. 기한은 돌덩이가 아니라 이정표임으로, 상황에 맞춰 속도를 조정하고 단계를 나누면 된다. "6개월 안에 회화를 끝내겠다"는 계획이 지연되면, "1년 안에 하루 10분씩"으로 바꿀 수 있다. 핵심은 멈추지 않고 이어가는 것이다.

행동경제학이 말하는 시간 프레이밍 효과(time framing effect)도 이를 뒷받침한다. 먼 미래의 목표는 추상적이지만, 오늘의 행동으로 쪼갤 때 실행 가능성이 높아진다. "3년 안에 책을 쓰겠다"는 목표는 "하루 500자 쓰기"로 나눌 때 현실이 된다. 작은 반복이 거대한 성취를 만든다.

역사 속에서도 기한은 삶의 구조였다. 조선시대 과거제는 응시 기한을 통해 선비들의 동기를 자극했고, 중세 길드 제도는 견습·도제·장인의 단계를 통해 기술을 계승했다. 현대 민주주의 역시 선거 주기로 권력을 점검하고 교체한다. 개인에게도 기한은 작은 민주주의처럼 자신을 돌아보고 새롭게 정렬하게 한다.

예술가들도 기한을 창조의 장치로 삼았다. 발자크(Honoré de Balzac)는 매일 새벽 일정 분량을 쓰며 방대한 작품 세계를 완성했고,

피카소(Pablo Picasso)는 특정 시기에 주제와 색채를 정해 새로운 화풍을 열었다. 끝없는 자유는 방황을 낳지만, 기한은 삶을 하나의 이야기로 편집한다.

따라서 기한은 시간을 가두는 족쇄가 아니라, 시간을 살아 있게 만드는 불씨이다. 끝을 정하는 순간, 오늘은 흘러가는 시간이 아니라 쌓이는 시간이 된다. 자기 시간표는 삶의 나침반이며, 기한은 몰입과 성취의 문을 여는 열쇠다.

'언젠가'라는 말에 머무르지 않고 '오늘부터'라는 선언으로 바꿀 때, 인생의 후반전은 전혀 다른 빛깔로 물든다.

Let's design the remaining 30 years

장기-중기-단기 목표 세분화(예시)

"장기-중기-단기"로 목표를 구분해 기한을 나누어 구조화할 때 비로소 실행력을 갖게 된다.

구분	기간	목표 예시	세부 실행 계획
장기 목표	10년	세계 일주 완수	- 방문 국가·도시 리스트 확정 - 전체 예산 확보(여행 경비 + 비상자금) - 건강·체력 관리 계획 실행
중기 목표	5년	여행 재정 기반 마련	- 매년 일정 금액 저축(목표: 5년간 4천만 원) - 여행 경비 관련 부수입 창출(프리랜스,

			부업 등) - 여행 언어·문화 공부 시작
단기 목표	1년	여행 준비 단계 진입	- 여행 루트·계절별 일정 확정 - 항공권·숙소 가격 조사 - 필수 비자·여권·보험 확인
초단기 목표	1개월	실행 습관 형성	- 매주 1개국 여행 정보 조사 - 여행 예산 가계부 작성 - 매주 2회 체력 훈련(걷기·근력 운동)

목표 구조화 워크시트
- 장기 중기 단기 기한 작성표 -

☐ 1단계: 장기 목표 세우기

- 10년 안에 이루고 싶은 큰 목표: _____
- 왜 이 목표가 중요한가? _____

☐ 2단계: 중기 목표 나누기

- 5년 안에 달성할 중간 단계: _____
- 3년 안에 준비할 내용: _____
- 필요한 자원(시간, 돈, 기술, 관계): _____

☐ 3단계: 단기 목표 실행

- 이번 해 안에 실천할 구체적 과제: _____
- 이번 달 안에 할 작은 행동: _____
- 이번 주 안에 시작할 첫걸음: _____

☐ 4단계: 기한 설정

- 장기 목표 마감일: _____ 년 _____ 월 _____ 일
- 중기 목표 점검일: _____ 년 _____ 월 _____ 일
- 단기 목표 실행일: _____ 년 _____ 월 _____ 일

☐ 5단계: 점검 및 수정

- 중간 점검을 했는가? (예 / 아니오)
- 수정이 필요한 부분은 무엇인가? _____
- 다음 달 보완 계획: _____

✦ 이 워크시트는 큰 목표를 시간 축 위에 구조화하는 도구다.

제4장

인생설계, 나를 세우는 토대

Let's design the remaining 30 years

자기인식: 나는 지금 어디에 서 있는가

자기인식은 인생 설계의 출발점이자 모든 변화의 기초다. 나침반 없이 떠나는 항해가 위험하듯이, 현재 위치를 모른 채 세운 계획은 허공에 그린 청사진일 뿐이다. 건강·재정·시간·관계, 이 네 가지가 나를 둘러싼 좌표축이며, 좌표가 분명할수록 삶의 궤적은 뚜렷해진다.

심리학에서 '자기인식(self-awareness)'은 메타인지와 연결된다. 자신이 무엇을 알고, 무엇을 모르는지를 아는 사람은 더 나은 결정을 내린다. 현주소를 정확히 직시할 때 비로소 막연한 욕망이 아니라 실행 가능한 목표를 세울 수 있다.

현실을 마주하는 과정은 종종 불편하다. 건강검진 결과는 생활 습관을 드러내고, 은행내역서는 재정의 빈틈을 보여 준다. 연락이 끊긴 관계망의 공백은 마음을 서늘하게 만든다. 그러나 이러한 불편함을 외면하면 삶의 설계도는 허상에 머문다. 따라서 '현실 점검표'를 만들어 네 가지 축을 기록하고, 수치를 눈으로 확인하는 것이 필요하다. 데이터는 불편함을 직면하게 만들고 동시에 변화의 지점을 드러낸다.

철학적으로도 자기인식은 필수 단계다.

『대학』은 수신(修身)의 기초로 성찰을 강조했고, 파스칼(Blaise Pascal)은 "인간은 자신을 성찰할 때 비로소 위대하다"고 말했다. 자기인식은 잘못을 고발하는 일이 아니라 다음 단계를 설계하기 위한 디딤돌이다.

역사 속에서도 자기인식은 전환의 계기가 되었다. 르네상스 인문학은 인간 존재를 새롭게 탐구하며 중세의 틀을 벗어났고, 근대 과학은 "내가 무엇을 모르는가"라는 질문에서 출발했다. 자기인식은 개인의 삶을 넘어 문명을 새롭게 정렬하게 만든 힘이었다.

건강 점검

건강은 인생 3막을 설계하는 데 있어 가장 기초적이고 필수적인 자산이다. 아무리 많은 계획이 있어도 몸이 따라주지 않으면 모든 꿈은 머릿속에서만 흩어진다. 마라톤 선수가 출발 전 심폐 기능과 체력을 점검하듯이, 인생 후반부를 준비하는 이들에게도 자기 몸을 점검하는 과정이 필요하다.

고대 로마의 시인 유베날리스(Decimus Iunius Juvenalis)는 "건강한 몸에 건전한 정신(Mens sana in corpore sano)"을 강조했다. 이는 모든 가능성이 신체적 기반 위에서만 피어난다는 사실을 보여 준다.

은퇴 후 자전거 여행을 계획한 한 남성은 정밀 검진에서 심장 박동의 불규칙성을 발견했다. 그는 장거리 여행을 미루고 1년간 재활 프로그램과 생활 습관 개선에 집중했다. 이후 안정된 체력으로 전국 일주를 완주했으며, 만약 그 한 번의 점검이 없었다면 여행은 시작조차 어려웠을 것이다.

또 다른 사례로, 은퇴한 교사는 정기 검진에서 초기 골다공증을 알게 된 뒤 매일 수영과 스트레칭을 생활화했다. 몇 년 뒤 그는 지역 노인대학의 무용 프로그램에 참여하며 더 유연한 몸으로 새로운 삶을 열어 갔다. 검진은 단순한 통보가 아니라 생활 방향을 다시 짜는 신호였다.

건강 점검은 단순히 이상 유무를 확인하는 절차가 아니다. 생활 습관을 재배열하는 '신호등'이며, 작은 수치는 삶의 방향을 수정하게 하는 경고등이다. 혈압·혈당·콜레스테롤 같은 기본 지표뿐만 아니라 근육량, 관절 가동 범위, 심폐 기능까지 함께 확인해야 한다. 이때 '개인 건강 기록표'를 작성하면 수치를 눈으로 확인하고, 변화 추이를 지속적으로 관리할 수 있다.

이를 통해 무리한 계획은 줄이고 가능성을 넓히는 방향으로 목표를 조정할 수 있다. 체력이 충분하다면 장거리 트레킹이나 여행 같은 도전적 활동을 시도할 수 있고, 회복이 필요하다면 요가나 수영처럼 몸에 부담이 적은 활동부터 시작할 수 있다.

건강 점검은 또한 심리적 안도감을 준다. "내 몸이 지금 이만큼 버틸 수 있다"는 확신은 장기 계획을 실행하게 하는 강력한 동력이 된다. 반대로 약점이 드러날 때는 그것이 곧 개선의 출발점이 된다. 작은 통증이나 수치의 변화가 생활을 바꾸는 계기가 될 수 있다.

건강 자가진단 체크리스트(예시)

최근 1개월을 기준으로, 각 문항에 대해 해당 정도에 체크(✓)한다. 0점(전혀 아니다), 1점(거의 아니다), 2점(가끔 그렇다), 3점(자주 그렇다), 4점(거의 항상 그렇다)

	항목	0	1	2	3	4
신체 건강	1. 아침에 일어나면 상쾌함을 느낀다	☐	☐	☐	☐	☐
	2. 일상 활동에 큰 무리 없이 움직일 수 있다	☐	☐	☐	☐	☐
	3. 1주일에 최소 3회, 30분 이상 운동한다	☐	☐	☐	☐	☐
	4. 평소 체중과 혈압이 안정적으로 유지된다	☐	☐	☐	☐	☐

정신·정서 건강	5. 하루를 긍정적인 기분으로 시작한다	☐	☐	☐	☐	☐
	6. 스트레스 상황에서 감정을 잘 조절한다	☐	☐	☐	☐	☐
	7. 하루 중 웃거나 즐거움을 느끼는 시간이 있다	☐	☐	☐	☐	☐
	8. 최근 1개월간 불면이나 과도한 피로를 느낀 적이 없다	☐	☐	☐	☐	☐
생활 습관	9. 하루 세 끼를 규칙적으로 먹는다	☐	☐	☐	☐	☐
	10. 가공식품보다 신선한 식품을 자주 섭취한다	☐	☐	☐	☐	☐
	11. 하루 1.5L 이상의 물을 마신다	☐	☐	☐	☐	☐
	12. 정기적으로 건강검진을 받고 있다	☐	☐	☐	☐	☐

점수 해석 총점 _____ / 48점

- 40~48점: 건강 관리가 잘 되고 있음. 현재 습관 유지
- 30~39점: 전반적으로 양호하나 일부 개선 필요
- 20~29점: 생활습관·정신건강 중 개선해야 할 영역 존재
- 0~19점: 건강 전반에 걸친 집중 관리 필요

재정 분석

재정은 두 번째 인생을 설계하는 데 있어 가장 현실적인 좌표다. 은퇴 후 노동소득이 줄어들면 자원의 흐름을 어떻게 관리하느냐가 삶의

안정성을 좌우한다.

　사회학적으로 이는 막스 베버(Max Weber)의 『프로테스탄트 윤리와 자본주의 정신』과도 연결이 된다. 베버는 금욕·절제·저축·합리적 계산이 근대 자본주의의 토대가 되었다고 설명했다. 개인에게도 재정 점검은 단순한 절약이 아니라, 미래를 가능하게 하는 합리적 배분이다.

　은퇴 후 재정은 유한한 자원이다. 그러나 많은 사람들은 흐름을 세밀히 점검하지 않는다. 이는 마치 수돗물이 새고 있는데도 수도 요금 총액만 보고 "이번 달도 비슷하다"고 안심하는 것과 같다. 작은 누수는 눈에 띄지 않지만, 시간이 지나면 큰 손실이 된다.

　특히 무의식적 지출은 흔한 함정이다. 사용하지 않는 서비스의 자동 결제, 거의 읽지 않는 잡지 구독료, '한 번쯤'이라는 생각으로 산 세일 품목 등이 대표적이다. 한 퇴직자는 매달 약 3만 원씩 빠져나가던 불필요한 구독을 해지하고 그 돈을 적금으로 전환했다. 몇 년 뒤 그 금액은 해외여행 자금의 밑천이 되었고, 작은 방향 전환이 장기 목표의 발판이 되었다.

　재정 점검은 합계를 보는 것이 아니라 항목별 흐름을 분석하는 과정이다. 주거비·식비·의료비 같은 필수 지출, 여행·취미 같은 선택 지출, 불필요한 소비를 구분해야 한다. '가계부 분석표'나 '지출 분류표'를 활용하면 어디를 줄이고 어디를 유지할지가 한눈에 드러난다.

　중요한 것은 '소비를 투자로 전환하는 관점'이다. 교육·건강·자기

계발에 쓰인 비용은 단순한 지출이 아니라 삶의 질을 높이는 투자다. 한 은퇴자는 매달 일정 금액을 지역 문화센터 강좌에 투자한 결과, 새로운 관계를 맺고 창작 활동을 이어가며 활력을 되찾았다. 반대로 목적 없는 쇼핑이나 의미 없는 회식은 순간의 즐거움만 남기고 장기 목표에는 기여하지 못한다.

또한 재정 관리는 단순한 절약 습관이 아니다. 예산을 세우고, 실행 후 점검하며, 필요할 때 수정하는 순환 구조를 생활 속에 고정해야 한다. '예산-실행-피드백'의 루프가 유지될 때 돈의 흐름은 점차 목적 있는 방향으로 정렬된다. 이 과정에서 생기는 '재정적 자율성'은 은퇴 이후의 선택지를 넓혀 주어, 하고 싶은 일을 '돈이 없어서' 미루는 상황을 줄여 준다.

월간 재정 분석표(예시)

지출 항목	예산(₩)	실제 지출(₩)	차이(₩)	조정/메모
주거비(임대료·관리비·공과금)	800,000	800,000	0	고정 지출, 변동 없음
식비	400,000	450,000	+50,000	외식 3회 줄이기
교통비	150,000	120,000	-30,000	대중교통 활용 증가

항목	예산	지출	차이	조정/메모
의료·건강관리	100,000	90,000	-10,000	건강 검진비 할인 적용
교육·취미	150,000	180,000	+30,000	온라인 강의 추가 수강
통신비(휴대폰·인터넷)	90,000	90,000	0	고정 지출
구독 서비스	30,000	45,000	+15,000	사용 안 하는 구독 해지
여가·여행	100,000	80,000	-20,000	여행 계획 연기
비상·저축	200,000	200,000	0	계획 유지
기타	50,000	70,000	+20,000	경조사비 지출
총합계	2,070,000	2,125,000	+55,000	다음 달 예산에서 식비·구독 항목 조정

활용 팁

- 차이 항목은 플러스(+)일 경우 '예산 초과', 마이너스(-)일 경우 '절감'을 의미.
- 조정/메모 항목에 다음 달 개선 방법을 간단히 기록.
- 매달 표를 누적해 보면, 지출 습관의 패턴이 명확히 드러남.
- 재정 분석과 시간 분석표를 함께 작성하면 자원 사용의 상관관계를 찾을 수 있음.

시간 사용 분석

<small>30 30 30</small>

사회학자 노르베르트 엘리아스(Norbert Elias)는 『시간의 사회학』에서 시간을 자연의 절대적 실체가 아니라, 인간이 활동을 조율하기 위해 만든 사회적 규율로 보았다. 중세 도시의 종탑, 철도 혁명이 만든 표준시, 오늘날의 디지털 일정 관리 도구까지, 시간은 늘 사회적 장치로서 개인의 리듬을 재편해 왔다. 개인도 시간을 기록하고 분석할 때 자신의 삶을 다시 설계할 수 있다.

20세기 철학자 앙리 베르그송(Henri Bergson)은 '지속(durée)' 개념을 통해, 시계가 재는 추상적 시간이 아니라 의식 속에서 흐르는 '살아 있는 시간'의 중요성을 강조했다. 우리가 시간을 어떻게 인식하느냐에 따라 하루의 밀도와 자유의 감각은 달라진다. 시간을 투자 포트폴리오처럼 다루는 순간, 하루는 소모가 아니라 자산이 된다.

시간은 돈보다 귀하나. 돈은 다시 벌 수 있지만, 시간은 한 번 흘러가면 되돌릴 수 없다. 그런데도 우리는 계좌 잔고는 꼼꼼히 확인하면서 하루 24시간이 어디로 사라졌는지는 좀처럼 점검하지 않는다. 따라서 인생 후반부를 전략적으로 설계하려면 '시간 사용 내역서'를 기록하는 습관이 필요하다.

가장 간단하면서도 효과적인 방법은 일주일간의 시간 기록 실험이다. 아침에 눈을 뜬 순간부터 잠들기 전까지 활동을 30분 단위로 적어보면, 자신도 몰랐던 흐름이 드러난다. 예를 들어 아침 준비 중 틀어 놓은 TV 앞에서 40분, 점심 뒤 스마트폰에 빠져 1시간, 회의 전 대기 시간 20분을 흘려보내는 경우가 그렇다. 하루에 3시간을 낭비하면 한 달이면 90시간, 이는 책 한 권을 여러 번 읽거나 새로운 기술을 배울 수 있는 시간이다. '시간 기록표'라는 단순한 도구가 하루를 새롭게 보이게 한다.

기록이 끝나면 분석이 뒤따라야 한다. 활동을 "중요한 일, 긴급한 일, 덜 중요한 일, 불필요한 일"의 네 구역으로 나누어 우선순위를 정한다. 이어서 아침에는 운동을, 저녁에는 학습을 배치해 가치 있는 활동을 앞세우는 것이 바람직하다. 반대로 무의미한 인터넷 검색이나 목적 없는 모임은 줄이거나 과감히 없애야 한다.

Let's design the remaining 30 years

우선순위 메트릭스(중요도 × 긴급도)

	긴급함(High)	긴급하지 않음(Low)
중요함 (High)	**즉시 실행** 예: 마감일이 임박한 보고서 작성, 건강 위기 대응	**계획적으로 실행** 예: 장기 프로젝트 계획, 건강 관리 습관
중요하지 않음 (Low)	**위임 또는 간소화** 예: 급하지만 다른 사람이 처리 가능한 업무	**제거 또는 최소화** 예: 목적 없는 인터넷 서핑, 불필요한 회의

또한 시간은 '투자'라는 관점에서 바라보아야 한다. 주말에 3시간을 독서에 쓰는 것은 소비가 아니라 자기 성장에 기여하는 투자다. 반대로 무의식적인 TV 시청이나 끝없는 SNS 스크롤은 시간을 앗아가는 지출일 뿐이다. 시간을 어떻게 분배하느냐가 삶의 질 좌표를 결정한다.

마지막으로 시간 관리는 도구와 시스템을 필요로 한다. 디지털 캘린더, 할 일 관리 앱, 주간·월간 플래너를 활용해 중요한 일정을 고정하고, 중간 점검 시간을 마련해야 한다. 하루 시작과 끝에 단 5분씩 '시간 점검 회의'를 습관화하면 낭비는 절반 이하로 줄어든다. 작은 루틴이 하루 전체의 밀도를 바꾼다.

시간 사용을 기록하고 분석하는 습관이 자리 잡으면 하루 24시간은 흘러가는 강물이 아니라 목표를 향해 나아가는 의도적 흐름이 된다. 시간표는 단순한 일정이 아니라 미래를 설계하는 좌표축이다.

시간 사용 분석표(예시)

시간	활동 내용	활동 유형	메모
06:30~07:00	기상 후 스트레칭	중요	혈액순환 개선, 하루 컨디션 점검
07:00~07:30	아침식사	중요	균형 잡힌 식단, 뉴스 시청 병행

시간	활동	중요도	비고
07:30~08:30	스마트폰 뉴스·SNS	덜 중요	'조금만 본다'가 1시간 소요
08:30~09:00	커피 한잔하며 유튜브	덜 중요	건강 영상, 정치 토론 시청
09:00~10:00	아침 산책	중요	햇볕 쬐며 유산소 운동
10:00~11:00	집안일(청소, 정리)	중요	일상적 가사 활동
11:00~12:00	TV 시청(재방송)	덜 중요	드라마 반복 시청
12:00~12:30	점심식사	중요	간단히 한 끼
12:30~13:30	낮잠	중요	1시간 수면, 에너지 회복
13:30~14:30	유튜브 시청	덜 중요	여행·예능 영상 시청
14:30~15:30	취미 활동(화분 가꾸기 등)	중요	정서적 안정 및 창의 활동
15:30~16:00	커피 타임 및 전화 통화	덜 중요	친구와 수다 30분
16:00~17:00	지역 모임 또는 장보기	중요	사회적 관계 유지
17:00~17:30	귀가 및 휴식	덜 중요	TV 켜놓고 눕기
17:30~18:00	저녁 식사	중요	가족과 식사
18:00~19:00	TV 뉴스 및 예능 시청	덜 중요	무심코 1시간 소비
19:00~20:00	스마트폰 게임	덜 중요	'시간 때우기' 성격 강함
20:00~20:30	샤워	중요	자기 전 루틴

20:30~21:00	가족과 대화	중요	하루 정리 및 정서 교류
21:00~22:00	유튜브·드라마 몰아보기	덜 중요	수면 시간 잠식 위험
22:00~22:30	명상 또는 독서	중요	하루 성찰, 숙면 준비
22:30~06:30	수면	중요	8시간 숙면 유지 목표

하루 분석 요약

- 중요 활동: 13시간 → 건강, 관계, 생활 중심
- 덜 중요 활동: 7시간 → TV, 유튜브, 스마트폰, 게임 등

분석 및 제안

■ 시간 사용 패턴 분석
- 균형적이지만 수동적 여가 비중이 높음
  - 아침 루틴(스트레칭-식사-산책)은 매우 긍정적이지만, 오후 이후에는 TV·유튜브 중심의 수동적 소비 활동이 반복됨.
- 디지털 집중도 과다
  - 유튜브·스마트폰 관련 시간이 하루 4~5시간 이상으로, 정보 과다와 피로 누적 가능성 높음.
- 인지·정서적 자극 부족
  - 학습, 독서, 대화 등 능동적 사고를 요구하는 활동이 하루 1시간 미만으로 제한됨.
- 관계 확장은 제한적
  - 가족 대화 외의 사회적 관계(동호회, 봉사 등) 시간은 1시간 내외로, 사회적 소속감 저하 우려.

■ 개선 방향 제안

개선 항목	제안 내용	기대 효과
아침 루틴 강화	스트레칭 → 명상 10분 추가	신체와 정신의 안정적 시작
디지털 사용 절제	유튜브·SNS 각 1시간 이내로 제한	집중력 회복, 눈 피로 완화
인지 자극 확대	오후 시간대 독서·퍼즐·글쓰기 배치	기억력 및 사고력 유지
사회적 활동 강화	주 2회 지역 모임·봉사 참여	정서적 만족, 사회 연결감 강화
저녁 루틴 안정화	TV 대신 산책·가벼운 스트레칭	수면 질 향상

■ 개선 후 예측 변화
- 중요 활동: 15시간 (↑ +2시간)
- 덜 중요 활동: 5시간 (↓ -2시간)
- 정신적 만족도: +30% 향상 예상(주관적 평가 기준)
- 수면의 질: 향상 기대(심리적 긴장 완화 효과)

관계와 관심사 지도

인생의 후반부를 설계할 때, 관계와 관심사는 부수적인 장식이 아니라 삶의 기둥이다. 그것은 일상을 지속시키는 연료이자 위기를 막아주는 안전망이다. 내 주변의 중요한 사람들과 내가 몰입해 즐거움을 느끼는 주제를 하나의 지도처럼 시각화하면, 지금 어디에서 에너지를 얻고 있고 어디가 비어 있는지 한눈에 확인할 수 있다.

사회학 연구에 따르면, 은퇴 후에도 정기적으로 사회활동을 이어가는 노인은 그렇지 않은 이들보다 정서적으로 안정적이고 인지 기능 저하도 늦다. 이는 관계망이 곧 사회적 안전망이자 정서적 기반임을 보여 준다.

한 60대 중반의 여성은 퇴직 후 홀로 지내는 시간이 길어지며 삶이 단조로워졌음을 깨달았다. 직장에서 맺었던 관계는 끊겼고, 대화 상대는 가족뿐이었다. 그러던 중 지역 도서관 음악 모임에 참여하면서 새로운 사람들과 어울리게 되었고, 공연을 함께 보며 관심사도 확장되었다. 그녀는 "취미를 통해 친구를 만났고, 친구를 통해 또 다른 취미가 열렸다"고 회상했다. 관심사와 관계가 얽히며 삶의 무게중심이 바뀐 것이다.

이처럼 관계와 관심사는 서로를 증폭시킨다. 관심사가 있으면 그 주제를 매개로 새로운 사람을 만나고, 관계가 확장되면 또 다른 관심사가 자연스럽게 열린다. 반대로 둘 다 한정적이라면 삶은 단조로워지고 외로움은 깊어진다.

따라서 자신의 삶을 지도처럼 시각화하는 작업이 필요하다. 종이에 큰 원을 그린 뒤 가족·친구·이웃·동호회·학습 네트워크 같은 관계와, 여행·음악·운동·독서 같은 관심사를 적어 선으로 연결해 보라. 그 과정에서 드러나는 빈 공간은 앞으로 채워야 할 삶의 영역을 보여준다.

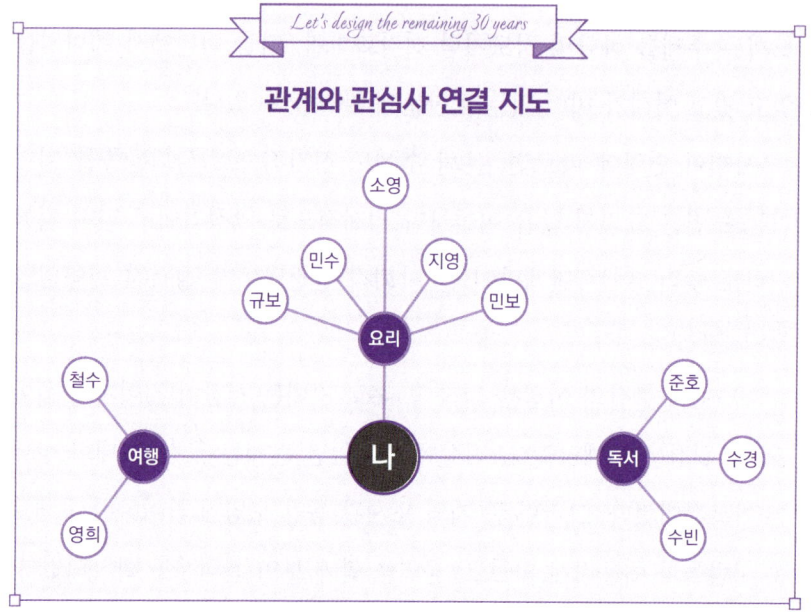

관계와 관심사는 후반기 삶을 지탱하는 양 날개다. 한쪽 날개가 약하면 비행은 불안정하다. 삶의 지도 위 빈 공간을 의식적으로 채워 나갈 때, 인생은 다시 넓어지고, 일상은 새로운 빛깔을 띤다. 관계와 관심사를 좌표축으로 삼는 순간, 삶의 균형과 활력이 되살아난다.

목표관리: 인생에도 전략이 필요하다

목표관리(MBO)는 기업 경영 기법에서 출발했지만, 개인의 삶에도 똑같이 적용할 수 있다. 경영학자인 피터 드러커(Peter Drucker)가 제안한 MBO(management by objectives)는 본질적으로 "무엇을, 어떻게, 언제까지 할 것인가"라는 질문에 답하는 과정이다. 기업이 단기, 중기, 장기 단위의 전략을 세우듯이 개인도 목표를 세우고 실행 계획을 마련해야 한다. 그렇지 않으면 삶은 바람에 떠밀리는 배처럼 표류한다. 반대로 명확한 목표와 계획을 세우면 매일의 선택과 행동은 하나의 궤도로 정렬된다.

특히 인생 후반부에는 단순히 열심히 사는 것보다 어디를 향해 가는지가 더 중요하다. 방향 없는 분주함은 계기판 없는 자동차를 전속력으로 모는 것과 같다. 속도는 빠르지만 목적지는 불분명하고, 연료는 허무하게 소모된다. 고대 철학자 아리스토텔레스는 인간의 삶을 '텔로스(telos)', 즉 목적을 향한 운동으로 이해했다. 그에게 최고의 선은 '행복(eudaimonia)'이었으며, 목적 없는 활동은 참된 행복으로 이어질 수 없었다. 이 통찰은 오늘날 목표관리의 필요성과도 이어진다.

역사적으로도 목표의 유무는 성취의 차이를 만들었다. 과학자 요하네스 케플러(Johannes Kepler)는 수십 년간 행성의 운동을 계산해 '행성 운동의 법칙'을 완성했다. 그는 구체적 목표가 있었기에 과학사의 전환점을 열 수 있었다. 반대로 근시안적 권력 다툼에 몰두한 군주들은 비전을 놓쳐 자신도 공동체도 잃었다. 개인사와 역사 모두에서 목표는 생존과 번영을 좌우하는 축이었다.

따라서 인생의 목표관리는 단순한 다짐이 아니라 '전략적 설계도'가 되어야 한다. 장기 목표는 항해의 목적지를, 중기 목표는 중간 기착지를, 단기 목표는 매일의 이정표를 제공한다. 폭풍 속에서도 배가 목적지에 다다르는 것은 바람의 세기가 아니라 나침반의 방향 덕분이다.

심리학의 목표설정이론(goal setting theory)은 막연한 바람보다 구체적이고 도전적인 목표가 성과를 높인다고 설명한다. 연구들은 목표의 명확성과 기록이 행동을 이끌고 성취를 가속화한다는 사실을 반복적으로 보여 주었다. 불확실성이 클수록 목표의 힘은 더 커진다. 따라서 '목표 작성 워크시트'에 구체적인 문장과 수치로 기록하는 것이 필수다. 쓰여진 목표는 추상적 바람을 실행 가능한 계획으로 바꾼다.

사회학적으로 목표는 규범과도 연결된다. 에밀 뒤르켐(Émile Durkheim)이 말한 아노미(anomie)는 사회적 지침을 잃은 상태를 뜻한다. 이는 개인 차원에서 목표를 상실했을 때의 혼란과 유사하다. 명확한 목표는 개인을 무규범 상태에서 끌어내어 자기 통제와 사회적 연대를 회복하게 한다.

철학적으로도 목표는 자유와 책임의 문제다. 사르트르(Jean-Paul Sartre)는 "실존은 본질에 앞선다"는 명제를 통해, 인간이 스스로의 선택과 행위를 통해 본질을 만든다고 했다. 목표 설정은 그 선택을 구체화하는 과정이다. 목표 없는 자유는 방황이지만, 목표를 동반한 자유는 책임과 의미를 낳는다. 즉, 목표는 단순한 계획 도구가 아니라 자기 존재를 규정하고 사회 속 위치를 명확히 하는 실존적 선언이다.

이 과정에서 장기 비전은 일상의 행동과 맞물리고, 하루하루는 미래를 떠받치는 발판이 된다. 목표관리는 하고 싶은 일을 "할 수 있는 일"로, 더 나아가 "해야 하는 의미 있는 일"로 바꿔 준다. 목표 없는 삶은 표류지만, 목표가 있는 삶은 항해이다. 그리고 그 항해의 나침반이 바로 목표관리(MBO)다.

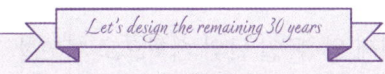

목표관리

개념

목표관리(management by objectives: MBO)는 조직이나 개인이 사전에 명확한 목표를 설정하고, 그 목표를 달성하기 위한 실행 계획을 수립하며, 주기적으로 성과를 점검·평가하는 관리 방식이다. 1954년 경영학자 피터 드러커(Peter Drucker)가 제안했으며, 이후 기업 경영뿐만 아니라 개인의 자기 관리에도 널리 활용되고 있다. 핵심은 '무엇을 할지'를 명확히 하고, '어떻게 할지'와 '언제까지 할지'를 구체화하는 것이다.

핵심 절차

- 목표 설정
  - 장기·중기·단기 목표를 구분해 작성
  - SMART목표의 원칙 적용: 구체적(Specific), 측정 가능(Measurable), 달성 가능(Achievable), 관련성(Relevant), 기한 설정(Time-bound)
- 실행 계획 수립
  - 목표를 분해해 월·주·일 단위 계획으로 세분화
  - 필요한 자원(시간, 예산, 인력)과 방법 명시
- 성과 점검
  - 주간·월간 리뷰를 통해 진행 상황 확인
  - 지연이나 장애 요인이 있으면 즉시 수정
- 평가 및 피드백
  - 목표 달성 여부를 평가하고, 결과를 다음 계획에 반영
  - 성공 요인과 개선점을 구체적으로 기록

MBO의 장점

- 목표가 명확해져 집중력과 효율성 향상
- 성과를 측정할 수 있어 동기부여 강화

- 장기 비전과 단기 행동을 연결해 일관성 확보
- 변화 상황에 맞춰 유연하게 수정 가능

개인 인생 설계에 적용하기
- 인생 후반부 설계에서도 MBO는 강력한 도구다. ※ 예) '3년 안에 마라톤 완주'라는 장기 목표 → '주 3회 러닝 훈련', '매월 거리·기록 측정'이라는 단기 실행 계획 → 월말 점검과 기록 → 필요 시 훈련량 조정.
- 직업, 건강, 배움, 인간관계 등 각 영역별로 MBO를 적용하면, 막연한 바람이 아닌 실행 가능한 로드맵이 완성된다.

장기 목표

기업은 5년, 10년 단위의 비전을 세우고 실행 계획을 마련하며, 정기적으로 점검과 조정을 반복한다. 그러나 정작 개인은 인생에 이만큼의 전략을 세우지 않는 경우가 많다.

르네상스 시대의 건축가 브루넬레스키(Filippo Brunelleschi)는 피렌체 대성당 돔 완공이라는 장대한 목표를 세우고, 수십 년간 설계와 기술을 다듬으며 마침내 불가능하다고 여겨졌던 건축을 완성했다. 그의 비전은 도시의 상징이 되었고, 장기 목표가 가진 힘을 보여 주었다.

현대에서도 장기 목표는 삶의 동력을 만든다. 한 여성은 은퇴 후 '사회복지사가 되어 노인을 돕겠다'는 목표를 세우고 매일 공부와 실습에 투자했다. 결국 자격을 취득해 복지관에서 봉사와 상담을 이어갔으며, 늦게 세운 목표가 새로운 삶의 원동력이 되었다.

장기 목표가 힘을 발휘하는 이유는 큰 그림 속에서 작은 습관을 조직하기 때문이다. 목표가 없으면 하루는 쉽게 흘러가지만, 10년 뒤의 그림이 있으면 오늘의 행동이 달라진다. TV 앞에 앉을지, 책상 앞에 앉을지가 분명한 기준에 따라 정해진다. 장기 목표는 '오늘의 선택'을 '미래의 비전'과 연결하는 다리이다.

또한 장기 목표는 상황에 따라 조정되면서도 방향을 잃지 않게 한다. 건강 문제나 의욕 저하로 계획이 지연되더라도, 장기 목표는 완벽한 시간표가 아니라 흔들릴 때마다 길을 다시 잡아 주는 나침반이다.

장기 목표는 반드시 기록하고 시각화해야 한다. '장기 목표 차트'에 달성 단계를 적고, 사진·그래프·표로 성취를 남기면 진척 상황이 눈에 보인다. 이 시각적 증거는 심리적 보상으로 작용해 다음 행동을 밀어 준다. 작은 성취가 쌓여 큰 비전으로 이어지는 과정에서 기록은 강력한 자극제가 된다.

무엇보다 장기 목표는 미래의 나와 맺는 약속이다. 종이에 쓰고 눈에 보이는 곳에 붙여 두라. 오늘의 나는 그 약속을 지키기 위해 움직이고, 미래의 나는 그 약속을 기다린다. 인생 후반부의 장기 목표는 단순한 계획이 아니라, 삶을 견인하는 동력이며 흔들림 없는 방향의 근거이다.

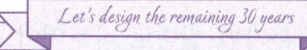

장기 목표를 세울 때 필요한 전략

- **구체적인 숫자와 기한을 정한다.** "언젠가 그림을 그리겠다"가 아니라, "10년 안에 80점을 완성하겠다"처럼 수치화해야 한다.
- **중간 점검 시점을 설정한다.** 1년 단위 혹은 분기 단위로 목표 진행 상황을 확인하고 필요하면 방향을 조정한다.
- **유연성을 허용한다.** 건강, 환경, 상황 변화에 따라 속도나 방식은 조정하되 방향은 잃지 않는다.

분기·월간 계획

큰 목표는 멀리서 보면 웅장하고 매력적이다. 그러나 막상 시작하려면 너무 커서 손대기 어려운 산처럼 느껴진다. 그 이유는 "한 번에 다 해내야 한다"는 막연한 부담 때문이다. 하지만 산을 잘게 나누면 눈 앞의 장애물은 거대한 산이 아니라 작은 계단이 된다. 계단은 오늘 당장 오를 수 있는 높이고, 이 한 걸음이 모여 결국 정상에 닿게 한다.

심리학에서 말하는 '작은 승리의 법칙(small wins)'은 큰 도전을 작은 단위로 쪼갤 때 동기가 강화된다고 설명한다. 예를 들어 "3년 안에 새로운 언어로 소설을 읽는다"는 목표를 세웠다면, 먼저 1년 단위 계획을 세우고 이를 분기별·월별로 나누어야 한다. 첫 해에는 기초 어휘와 문법, 둘째 해에는 독해와 작문, 셋째 해에는 토론을 목표로 잡는다. 이번 달 목표는 '주 3회 온라인 강좌 수강'처럼 구체적이어야 한다.

세분화 과정에서 중요한 것은 성취의 경험을 자주 만드는 것이다. 3년 뒤 한 번만 성취를 경험하는 것이 아니라, 매달 혹은 매 분기마다 '완료'라는 표시를 하며 성취감을 누려야 한다. '분기·월간 목표표'에 달성 여부를 체크하면 작은 승리가 눈앞에 드러나고, 체크 표시 하나가 다음 행동으로 이어지는 보상이 된다.

한 은퇴자는 "5년 안에 사진 개인전을 연다"는 목표를 세웠다. 그는 1년 차에 촬영법을 익히고, 2년 차에 주제를 정해 분기마다 작품을 완성했으며, 3년 차부터는 월 단위로 동호회 발표회를 열었다. 매 분기마다 포트폴리오를 보완하며 자신감을 쌓았고, 5년 후 실제 전시를 열었다. 장기 목표는 작은 단위로 나누었을 때 현실이 된다는 것을 보여 준 사례다.

목표를 잘게 나누는 것은 단순한 일정 쪼개기가 아니다. 큰 그림을

'행동 가능한 크기'로 바꾸는 전략이다. 하루의 행동이 모여 분기의 성취가 되고, 분기의 성취가 쌓여 연간 성취를 이루며, 연간 성취가 모여 인생의 큰 그림을 완성한다.

결국 큰 목표는 세분화할 때 살아 움직인다. 작은 목표는 오늘의 행동을 구체적으로 만들고, 행동은 성취를 낳으며, 성취는 더 큰 동력을 만든다. 이 작은 계단을 하나씩 밟을 때, 멀게만 보였던 정상은 점점 가까워지고 마침내 손이 닿는 현실이 된다.

Let's design the remaining 30 years

목표 세분화를 성공하기 위한 팁

- **구체적이고 측정 가능한 단위로 나눈다.** 예를 들어 '영어 공부'가 아니라 '매일 영어 기사 한 편 읽기'처럼 바로 행동에 옮길 수 있는 형태로 만든다.
- **시각적 기록을 남긴다.** 캘린더, 체크리스트, 앱 등을 활용해 달성 여부를 눈으로 확인하면 동기부여가 유지된다.
- **완료 기념을 한다.** 매 분기나 월 목표를 달성했을 때 소소한 보상을 주면, 뇌는 그 행동을 즐거운 경험으로 인식해 지속하게 된다.
- **유연성을 유지한다.** 계획은 살아있는 것이므로 상황에 따라 속도나 순서를 조정해도 된다. 중요한 것은 '멈추지 않는 것'이다.

실행 로드맵

목표가 "산 정상에 오르겠다"라는 선언이라면, 실행 계획은 어느 길로, 언제, 어떤 장비로 오를지를 정하는 일이다. 열망만 품고 길을 나서면 중간에 방향을 잃거나 난관 앞에서 멈출 수 있다. 그러나 경로와 시점, 준비물까지 구체화하면 목표는 추상적인 바람이 아니라 현실을 향한 뚜렷한 로드맵으로 바뀐다.

많은 이들이 목표를 세울 때 "무엇을 할지"까지만 정하고 "어떻게 할지"를 미룬다. 하지만 실행 계획이 없는 목표는 '언젠가'라는 희망에 머무른다. 반대로 계획을 일정과 행동으로 세분화하면 목표는 오늘의 삶 속에서 움직인다. "건강해지겠다"는 다짐은 막연하지만, "매일 저녁 7시, 30분 걷기"처럼 시간과 방법을 붙이면 실행 가능하다. "책을 많이 읽겠다"는 선언도 "월 1권 독서, 매주 수요일 기록 작성"처럼 수치화하면 실천력이 붙는다.

아리스토텔레스는 『니코마코스 윤리학』에서 "선의(善意)는 목적을 세우는 것이고, 실천적 지혜는 그 목적을 이루는 방법을 찾는 것"이라 했다. 목표 설정이 선의라면, 실행 계획은 곧 실천적 지혜다.

한 은퇴자는 "정년 후 3년 안에 작은 에세이집을 출간하겠다"는 목표를 세웠다. 처음에는 메모만 남겼지만, 곧 매주 월요일은 글쓰기, 화요일은 자료 정리, 주말은 초고 다듬기라는 루틴을 만들었다. 그렇게 원고가 쌓였고, 2년 반 만에 책으로 이어졌다. 구체적 루틴이 추상적 목표를 손에 잡히는 결과로 끌어온 것이다.

실행 계획의 힘은 먼 목표를 오늘의 행동으로 연결한다는 데 있다. 하루·한 주·한 달 단위 성취가 쌓일 때 동력은 유지된다. 이를 위해 '실행 계획표'를 작성해 작은 행동 단위를 체크하면, 목표는 더 이상 먼 미래가 아니라 지금의 현실이 된다.

계획에는 대안도 포함되어야 한다. 날씨, 건강, 일정 변수에 대비해 "실내 운동으로 대체", "하루 미루고 다음 날 보완" 같은 시나리오를 준비해야 한다. 변수가 있어도 계획은 끊기지 않고, 실행은 멈추지 않는다.

결국 실행 계획은 목표를 당겨와 오늘을 움직이게 하는 설계도다. 설계도가 없는 건물이 완성될 수 없듯이, 계획 없는 목표도 완주할 수 없다. 작은 행동 단위가 길을 만들고, 그 길은 마침내 목표의 정상으로 이어진다.

Let's design the remaining 30 years

실행 계획의 네 가지 핵심 요소

- **시간(time)**: '매일', '주 3회', '월 1회'처럼 주기와 시점을 구체화한다. 예를 들어 "운동하기"가 아니라 "아침 6시~6시 30분 스트레칭"처럼 정한다.

- **행동(action)**: 목표를 실행 가능한 단위로 세분화한다. 예를 들어 "영어 공부하기"가 아니라 "하루 20개 단어 암기 + 10 문장 회화 연습"처럼 수치화한다.
- **방법(method)**: 어떤 도구나 환경을 활용할지 정한다. 예를 들어 헬스장, 온라인 강의, 독서 모임, 코칭 프로그램 등
- **기록(record)**: 캘린더, 체크리스트, 앱 등으로 진행 상황을 남겨 눈으로 확인하고, 동기부여를 유지한다.

샘플 실행 계획표

목표	기간	구체적 행동	점검 방법
3년 안에 영어 회화 중급 수준 달성	3년	- 월~금 매일 20분 영어 뉴스 청취 - 주 3회 회화 스터디 참여 - 매월 영어 책 1권 읽기	- 월말 단어·문장 암기량 테스트 - 분기별 회화 수준 체크
1년 안에 10kg 체중 감량	1년	- 주 4회 40분 유산소 운동 - 매일 아침 10분 근력운동 - 하루 식단 기록	- 주간 체중·체지방 기록 - 분기별 인바디 측정

6개월 안에 사진 전시회 준비	6개월	- 매주 2회 촬영 실습 - 월 1회 포트폴리오 점검 - 사진 편집 기술, 주 3회 학습	- 매달 작품 5장 완성 - 전시 기획서 진행 상황 체크
1년 안에 '지역 봉사 100시간' 달성	1년	- 주 1회 2시간 봉사 참여 - 분기별 새로운 봉사 활동 탐색	- 월간 봉사 시간 누적 기록 - 분기별 활동 보고서 작성

Let's design the remaining 30 years

실행과 점검: 살아있는 지도 만들기

실행과 점검은 계획에 맥박을 불어 넣는 심장과도 같다. 종이에 적힌 계획은 그저 고요한 목록일 뿐이지만, 행동으로 옮겨지는 순간부터 생명력을 얻는다. 마치 여행자가 지도를 들고 길을 나서는 것처럼, 실행은 계획을 실제의 길로 바꾼다.

지도는 단순히 경로만 알려주는 도구가 아니다. 현재 위치, 목적지까지의 거리, 예상치 못한 장애물과 우회로까지 보여 준다. 실행이 있어야 지도가 펼쳐지고, 점검이 있어야 좌표가 갱신이 된다.

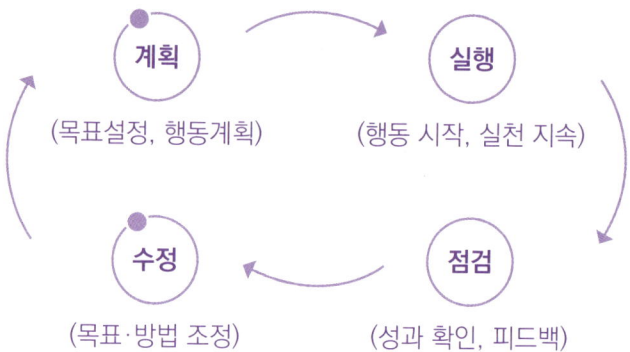

실행만 있고 점검이 없다면, 자신이 어디쯤 와 있는지도 모른 채 걷는 것과 같다. 반대로 점검만 있고 실행이 없다면, 빈 지도를 들여다보는 것과 같다. 따라서 '실행-점검-수정' 주기를 생활 속에 고정해야 한다. 예컨대 주간·월간 단위의 '실행 점검표'를 작성하면 실제 행동과 계획의 간극이 눈에 띄게 드러난다.

계획은 세운 순간 완성되는 것이 아니라, 점검을 통해 계속 살아난다. 목표에 다가가는 속도가 느려졌는지, 경로에서 벗어났는지, 환경 변화로 목적지 자체를 수정해야 하는지 확인하는 과정이 반드시 필요하다.

한 퇴직자 모임은 "3년 안에 마을 하천을 정화하겠다"는 목표를 세웠다. 처음에는 매달 쓰레기 수거로 출발했지만, 분기별 점검을 통해 활동 범위를 넓히고 지자체와 협력해 생태 복원 사업으로 발전시켰다. 실행과 점검의 반복이 단순한 청소를 장기 프로젝트로 키운 것이다.

결국 실행과 점검은 떨어질 수 없는 두 축이다. 실행은 추진력을, 점검은 방향성을 부여한다. 두 과정이 함께 작동할 때, 계획은 서랍 속 종이가 아니라 변화 속에서도 목적지로 이끄는 살아 있는 지도가 된다.

실행 후 피드백

계획은 책상 위에서 끝나는 도면이 아니라, 실행 속에서 끊임없이 조정되는 살아 있는 생물이다. 아무리 정교한 설계라도 현실에서는 변수가 생긴다. 따라서 계획의 완성도는 '처음의 설계'가 아니라 '실행 뒤 점검과 수정'에서 결정된다. 피드백은 단순한 평가가 아니라, 다음 발걸음을 안내하는 지도 수정 과정이다.

심리학의 자기조절학습(self-regulated learning)은 이를 잘 보여 준다. 주기적 점검과 수정은 학습 효과를 배가시키고, 스스로의 성장을 촉진한다.

한 지역 시니어 합창단은 '연말 공연'이라는 목표로 매주 연습을 이어갔다. 그러나 시간이 지날수록 호흡과 음정의 흔들림이 드러났다. 이들은 매번 연습을 녹음해 다음 모임에서 함께 들으며 구체적인 피드백을 주고받았다. "이 부분은 목소리가 겹치네", "후렴은 한 박자 늦추자"와 같은 의견이 즉각 반영되었고, 몇 달 후 무대에서 놀라운 조화를 이뤄냈다. 피드백이 만든 변화였다.

피드백은 크게 자기점검(self-review)과 타인점검(external feedback)으로 나뉜다. 자기점검은 스스로 기록을 남기고 이전 결과와 비교하는 방식이다. 예를 들어 운동 목표를 세웠다면 체중·근력·지구력 지표를 주 단위로 추적한다. 타인점검은 멘토나 동료로부터 의견을 받아 내가 놓친 부분을 발견하고, 강점을 구체적으로 짚어내는 과정이다. 따라서 개인 목표 달성에는 '자기 피드백 일지'와 '외부 피드백 루틴'을 병행하는 것이 효과적이다.

계획은 고정된 종이 지도가 아니라, 실시간으로 경로를 갱신하는 GPS에 가깝다. 실행 후 피드백은 GPS에 최신 정보를 업데이트하는 과정이다. 이 과정을 거칠 때 불필요한 길은 줄어들고, 더 빠르고 안전하게 목적지에 다다를 수 있다. 무엇보다 피드백을 실패의 흔적이 아니라 성장의 데이터로 보는 태도가 중요하다. 그럴 때 계획은 정체된 약속이 아니라 매번 새로워지는 살아 있는 로드맵이 된다.

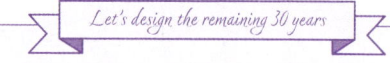

효과적인 피드백을 위한 세 가지 원칙

- **정기성**: 피드백은 한 번에 그쳐서는 안 된다. 매주·매월처럼 일정한 주기를 가져야 한다.
- **구체성**: "잘했어요"보다 "이 부분에서 속도가 빨라졌으니 다음에

> 는 호흡을 길게 가져가세요"처럼 행동지침이 포함되어야 한다.
> - **실행 반영**: 피드백은 듣고 끝나는 것이 아니라, 다음 실행 계획에 반드시 반영해야 한다.

변화에 따른 수정

계획은 돌로 새긴 석상이 아니라, 계절마다 옷을 갈아입는 살아 있는 생물이다. 처음에는 완벽해 보였던 계획도 현실에서는 건강 문제, 가족의 돌발 상황, 경제 환경의 변화, 흥미의 이동 같은 변수에 흔들린다.

이런 변화 앞에서 계획을 고치는 것은 포기가 아니라 지속의 방식이다. 항해 중 바람에 맞춰 돛을 조정하듯이, 계획도 상황에 맞추어 조정해야 한다. 이때 '변화 대응 체크리스트'를 두고 선상·가족·환경·흥미 네 영역을 점검하면 수정 시점과 방향이 분명해진다.

스토아(Stoa) 철학자들은 외부 조건은 통제할 수 없지만, 그것에 대응하는 태도는 우리의 선택이라고 했다. 계획을 수정하는 행위는 외부에 끌려가는 것이 아니라, 스스로 삶을 다시 설계하는 주체적 결정이다.

요리가 취미였던 60대 여성은 은퇴 후 3년 안에 요리 학원 강사가 되겠다는 목표를 세웠다. 그러나 가족 돌봄 책임으로 학원 출석이 어려워졌다. 많은 이들이 포기했을 상황에서 그녀는 방식을 바꿨다. 온라인 강좌와 가정 실습으로 배움을 이어가고, 주민센터에서 소규모 수업을 열며 경험을 쌓았다. 목표 달성 시점은 늦어졌지만, 과정은 이어졌고 더 다양한 실습과 자신감을 얻게 되었다.

계획의 수정은 항로를 버리는 것이 아니라, 목적지에 닿기 위한 돛의 조정이다. 일정과 방식이 달라져도 배는 여전히 같은 지점을 향한다. 중요한 것은 멈추지 않고 이어가는 힘이다. 수정은 후퇴가 아니라 지속을 위한 재설정이며, 그렇게 조정된 계획은 변화 속에서도 무너지지 않는 습관으로 남는다.

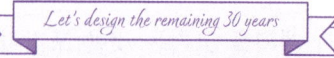

계획 수정의 원칙

- **상황 진단 후 조정**: 단순한 귀찮음이나 의욕 저하가 아니라, 건강·시간·자원·우선순위의 변화를 객관적으로 점검한 뒤 수정해야 한다.
- **목표의 본질 유지**: 방법과 속도는 바꿀 수 있지만, 도달하려는 핵심 목적은 잃지 않는다(예: '히말라야 트레킹'의 본질은 체력과 모험의 완성이지, 매주 20km 걷기 자체가 아니다).
- **유연성과 단호함의 균형**: 너무 쉽게 바꾸면 흐트러지고, 너무 고집

하면 부러진다. 바람이 바뀌면 돛의 각도를 조정하듯, 필요할 때는 과감히 방향을 트는 것이 장기 지속의 비결이다.

계획 수정 전·후 비교표(예시)

구분	수정 전 계획	수정 후 계획
목표	2년 안에 히말라야 트레킹 완주	3년 안에 히말라야 트레킹 완주
기간	2년 (매주 20km 걷기)	3년 (재활 기간 포함)
주요 방법	주 3회, 20km 장거리 걷기	수영·실내 자전거 병행, 하체 근력 회복 훈련 후 점진적 거리 증가
건강 상태	무릎 정상	무릎 부상 발생 → 재활 필요
점검 주기	월 1회 체력 점검	2주 1회 재활 진행 상황 및 체력 점검
보완 계획	없음	재활운동 + 체중 감량 목표 추가
결과 기대치	2년 후 완주	부상 회복과 근력 강화로 3년 후 완주, 체력 향상 폭 확대

지속을 위한 동기부여

계획을 오래 이어가려면 처음부터 의도적으로 '동기 장치'를 설계해야 한다. 인간의 의지는 생각보다 쉽게 흔들린다. 날씨, 기분, 갑작스러운 일정 변화 같은 외부 요인은 매일의 실천을 무너뜨리는 변수가 된다. 혼자의 힘에만 의존하면 매번 새로운 결심을 불러내야 하고, 이 과정이 반복되면 피로가 쌓여 포기로 이어지기 쉽다.

반대로 관계적 약속은 혼자의 결심보다 훨씬 강하다. 러닝메이트와 함께 뛰기로 한 사람은 비가 오거나 추운 날에도 운동화를 신는다. 독서 모임에 속한 이는 피곤한 날에도 대화를 위해 책장을 펼친다. 멘토와 정기적으로 성과를 점검하는 습관은 단순한 확인이 아니라, 나태해지려는 순간을 붙잡아 주는 안전장치가 된다.

데시(Edward L. Deci)와 라이언(Richard M. Ryan)은 자기결정이론(self-determination theory)에서 지속 가능한 동기의 핵심을 자율성, 유능성, 관계성에서 찾았다. 즉, 스스로 선택한 일(자율성), 작은 성취의 경험(유능성), 타인의 지지(관계성) 이 세 축이 균형을 이룰 때 동기는 길게 이어진다.

기록과 시각화는 가장 직접적인 자극제다. 예를 들어 체중 감량을 목표로 하는 사람은 매일 몸무게와 식단을 기록하고, 달력에 체크 표시를 남길 수 있다. 빈칸 없이 채워진 달력은 단순한 숫자가 아니라 노력의 흔적이며, 멈추고 싶을 때 다시 한 걸음을 내딛게 만든다.

동기부여는 여러 장치를 복합적으로 설계할 때 더욱 강력해진다. 아침 운동을 함께하는 모임, 온라인 게시판에 올리는 인증, 월말 성과 공유 습관을 동시에 운영하면, 서로 다른 방향에서 오는 격려와 압박이 결심을 지탱한다. 한 요소가 흔들리더라도 다른 요소가 버팀목이 되어 전체 계획이 무너지지 않는다.

작은 환경 설계도 강력하다. 책상 위에 목표 메모를 붙여두는 것, 운동화를 현관에 미리 꺼내 두는 것, 학습 시간을 앞두고 카페 약속을 잡는 것처럼 행동을 쉽게 유도하는 장치를 배치하는 것이다. '환경 설계 체크리스트'를 활용해 생활 공간 곳곳에 이런 장치를 심어 두면, 의지가 떨어져도 자동으로 행동이 이끌린다.

결국 지속성은 우연이 아니라 설계의 산물이다. 관계와 시스템, 환경이 함께 뒷받침될 때 계획은 오래 간다. 동기부여는 기다리는 것이 아니라, 만들어 가는 것이다.

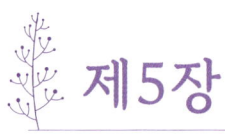

제5장

삶을 지탱하는
네 기둥

균형 잡힌 삶의 힘

　인생은 순간의 성취가 아니라, 긴 세월을 버텨낼 수 있는 네 기둥 위에 세워진 집과 같다. 젊고 건강할 때는 그 기둥의 존재를 잘 의식하지 못한다. 그러나 병상에 누웠을 때, 은퇴의 공허를 맞이했을 때, 혹은 관계가 끊어졌을 때 비로소 무엇이 나를 지탱하는지 드러난다.

　삶의 기둥은 거창한 것이 아니다. 작은 습관, 소중한 대화, 배우려는 열망, 꾸준한 점검이 모여 단단한 토대를 만든다. 건강을 잃으면 하루가 무너지고, 관계가 끊어지면 마음은 고립된다. 성장이 멈추면 삶은 정체되고, 기반이 흔들리면 불안이 스며든다. 네 기둥이 균형 있게 설 때 비로소 인생은 안정과 지속성을 가진다.

역사도 이를 잘 보여 준다. 당나라의 번영은 정치·문화·경제·외교가 균형을 이룰 때 가능했지만, 어느 한 축이 무너지자 제국 전체가 흔들렸다. 문학에서도 균형은 중요한 주제였다. 괴테(Johann Wolfgang von Goethe)의 『빌헬름 마이스터의 수업시대』는 주인공이 예술, 사랑, 사회적 책임 사이에서 균형을 찾을 때 성숙해질 수 있음을 보여 준다.

현대인의 삶에서도 균형의 힘은 분명하다. 70대에도 하루 만 보 걷기로 지병을 관리한 노인은 "건강은 약보다 생활 습관이 더 큰 힘을 발휘한다"고 말했다. 반대로 재정적으로는 넉넉했지만 관계를 돌보지 않아 은퇴 후 외로움에 빠진 사례도 있다. 또 다른 이는 퇴직 후 악기를 배우며 매일의 성취를 누렸고, 어떤 이는 가계부와 신앙 일기를 함께 기록하며 정신적·재정적 안정을 지켰다. 네 기둥이 균형 있게 서 있을 때 삶은 흔들림 없는 집이 된다.

따라서 균형 잡힌 삶은 추상적 이상이 아니라 현실적 진리다. 오늘 우리가 건강을 챙기고, 관계를 가꾸며, 성장을 추구하고, 기반을 점검하는 순간, 그 기둥들은 삶 전체를 지탱하는 집이 된다. 균형은 단순한 선택이 아니라, 인생을 오래 지속시키는 힘이다.

한쪽만 강할 때의 위험 30 30 30

우리는 종종 삶의 무게를 한 기둥에만 걸어 두려 한다. 건강만 붙잡거나, 돈만 좇거나, 배움에만 몰두하거나, 혹은 관계에만 의지한다. 그러나 한 축이 지나치게 커지면 나머지의 빈자리가 드러나고, 결국 균열을 낳는다.

은퇴 후 "몸은 버텼지만 마음은 무너졌다"는 말을 남기는 이들이 적지 않다. 삶은 네 기둥이 함께 서야 안정되지만, 많은 이들이 한쪽에만 힘을 실은 결과 균형이 깨지면 삶 전체가 흔들린다.

예를 들어 은퇴 후 넉넉한 재정을 쌓은 사람이 있었다. 그러나 목표도, 나눔도 없는 날들은 그를 점점 공허하게 만들었다. 다시 삶에 온기를 준 것은 뜻밖에도 지역 미술 동아리였다. 물감의 향기와 사람들의 웃음 속에서 그는 깨달았다. 돈이라는 기둥 하나만으로는 결코 삶이 완전해질 수 없다는 사실을.

철학도 같은 메시지를 전한다. 플라톤(Plato)은 『국가』에서 이성·의지·욕망이 조화를 이루어야 정의가 세워진다고 했다. 인간의 삶 역시 어느 한 부분이 지나치게 비대해지거나 다른 부분이 억눌리면 영혼은 균형을 잃는다.

문학 또한 이를 오래전부터 경고해 왔다. 톨스토이(Lev Nikolayevich Tolstoy)는 『이반 일리치의 죽음』에서 사회적 성공 하나에 매달린 인물이 내면의 공허 속에서 무너지는 과정을 그렸고, 셰익스피어(William Shakespeare)의 『리어왕』은 권력에 집착한 늙은 왕이 외로움과 광기 속에서 몰락하는 비극을 남겼다.

한쪽만 강한 삶은 잠시 화려해 보일 수 있지만, 작은 바람에도 흔들린다. 진정한 안정은 네 기둥이 서로를 떠받치며 이루는 균형 속에서 자라난다. 그 균형이야말로 삶을 오래 지탱하는 은은한 힘이다.

삶의 포트폴리오　　　　　　　　　　　　　　30 30 30

인생을 투자처럼 분산할수록 노년은 더 단단해진다. 투자에서 가장 중요한 원칙은 분산이다. 모든 자산을 한 바구니에 담으면 작은 충격에도 전체가 무너진다. 삶도 마찬가지다. 건강·관계·배움·재정·즐거움 같은 자원을 어떻게 배분하느냐에 따라 인생의 안정성은 크게 달라진다.

한 은퇴자는 퇴직 후 자신의 삶을 다섯 영역으로 나누어 기록하기 시작했다. 건강, 가족·친구 관계, 지식과 배움, 재정, 취미와 여가라는 다섯 축을 원 안에 그려 매달 점검했다. 어느 달에는 운동이 부족하다는 사실을 확인하고 새벽 산책을 추가했고, 또 나른 날에는 관계의 비중이 줄어드는 것을 보고 동호회 모임을 늘렸다. 이 작은 조정들이 쌓여 그의 삶은 균형 있게 지탱되었다.

스토아 철학자 세네카(Lucius Annaeus Seneca)는 행복을 외부의 부나 권력처럼 단일한 원천에 의존하면 쉽게 흔들린다고 보았다. 진정한 행복은 내적 덕성과 자족에서 비롯되며, 여러 요소가 균형을 이룰 때만 지속된다. 문학 또한 이 문제를 반복해서 다루었다. 제인 오스틴(Jane Austen)의 『맨스필드 파크』는 인물들이 사회적 지위, 인간관계,

개인적 욕망 사이에서 균형을 이루지 못해 무너지는 과정을 보여 주었고, 『이성과 감성』은 이성과 감정이 조화를 이룰 때만 삶이 온전히 지속될 수 있음을 보여 준다.

따라서 인생은 단일 목표를 향한 직선이 아니라, 여러 축이 서로를 지탱하는 원형 구조에 가깝다. 건강만 붙들면 즐거움이 시들고, 재정만 쫓으면 관계가 메말라 간다. 균형을 잃은 포트폴리오는 언젠가는 무너진다. 그러나 다양한 영역이 서로를 지지할 때, 삶은 흔들려도 쉽게 무너지지 않는다. 그것이 분산이 주는 가장 깊은 안정이다.

오늘부터 점검하기

"언젠가 하겠다"는 말은 대개 실행되지 않는다. 미래는 스스로 다가오지 않는다. 중요한 것은 완벽한 시기를 기다리는 것이 아니라, 오늘이라는 가장 확실한 순간을 붙잡는 일이다.

한 퇴직 교사는 은퇴식이 끝난 날 공책 첫 장에 이렇게 적었다. "앞으로 남은 해마다 내 삶에 씨앗 하나를 심는다." 그 해 그는 그림을 배우기 시작했고, 이듬해에는 지역 아이들을 위한 무료 수학 교실을 열었다. 또 그 다음 해에는 아내와 함께 작은 텃밭을 가꾸며 이웃들과 수확을 나누었다. 몇 년이 흐른 뒤 그는 "오늘 심은 작은 씨앗이 내일의 숲이 되었다"고 회상했다.

비슷한 실천은 공동체 안에서도 나타난다. 어느 마을은 매달 첫째

주 토요일을 '점검의 날'로 정해, 주민들이 건강·관계·재정·취미를 함께 돌아보고 다음 달의 작은 목표를 적어 나갔다. 거창한 계획이 아니라, 이웃과 함께 나누는 사소한 점검이 삶을 단단히 지켜 주는 힘이 되었다.

문학도 오늘의 선택이 내일을 바꾼다는 사실을 강조해 왔다. 알베르 카뮈(Albert Camus)는 『시지프 신화』에서 끝없는 반복 속에 놓인 인간의 운명을 설명하면서, 그 부조리를 의식적으로 받아들이는 순간 삶의 의미를 새롭게 창조할 수 있다고 말했다. 거대한 도전이 아니라, 지금 당장의 한 걸음이 내일의 균형을 만든다는 뜻이다.

인생을 바꾸는 것은 거대한 선언이 아니라, 오늘의 작은 실행과 점검이다. 건강을 위해 한 걸음 더 걷고, 관계를 위해 짧은 안부를 전하며, 성장을 위해 책 한 장을 여는 일. 이런 사소한 움직임이 쌓여 1년, 10년, 은퇴 이후까지 삶을 지탱하는 기둥이 된다. 중요한 것은 먼 미래가 아니라, 지금 내 손에 쥔 작은 등불을 켜는 일이며, 그 불빛이 모여 내일의 길을 밝힌다.

Let's design the remaining 30 years
내 기둥 세우기

인생을 오래 지탱하는 힘은 우연에서 오지 않는다. 건강, 관계, 성장, 기반이라는 네 기둥이 고르게 세워질 때 삶은 균형과 깊이를 가진다. 어느 하나가 약해지면 다른 기둥까지 흔들리고, 작은 충격에도 전체가 휘청인다. 그러나 네 기둥이 서로를 보완하며 맞물릴 때, 위기 앞에서도 쉽게 무너지지 않는 집이 세워진다.

건강은 몸과 마음을 버티게 하는 땅, 관계는 서로를 이어 주는 벽, 성장은 창을 열어 시야를 넓히는 힘, 기반은 집 전체를 떠받치는 토대이다. 기둥의 성격은 다르지만, 함께 무게를 나누며 인생을 지탱한다. 이러한 네 기둥이 균형 있게 서 있을 때 인생은 안정과 지속성을 얻고, 세월의 바람에도 쉽게 무너지지 않는다.

제1 기둥: 건강 관리

몸은 인생을 살아가는 집과 같다. 기초가 약하면 집은 쉽게 흔들리고, 화려한 장식도 소용이 없다. 건강 역시 마찬가지이다. 성취와 관계, 배움과 즐거움은 모두 몸이 버텨줄 때만 가능하다.

건강은 특별한 사건이 아니라 작은 습관의 축적 속에서 다져진다. 하루 30분의 걷기, 가벼운 스트레칭, 제시간에 잠자리에 드는 단순한 일상이 몸의 기둥을 세운다. 겉으로는 사소해 보여도, 나이가 들수록 이 기본이 삶의 질을 결정한다.

그러나 건강을 몸에만 국한하는 것은 착각이다. 몸이 집이라면 마음은 그 안을 흐르는 공기와도 같다. 아무리 집이 견고해도 공기가 탁

하면 편안할 수 없듯이, 마음이 흐트러져 있으면 신체 건강만으로는 충만함을 느낄 수 없다. 실제로 많은 이들이 체력 단련에는 열심이지만 정서 관리에는 소홀하다. 진정한 건강은 몸과 마음이 함께 균형을 이루는 상태이다. 명상, 기도, 호흡 훈련, 일기 쓰기 같은 단순한 습관이 마음을 정돈하고 내적 안정감을 준다.

동서양 사상은 모두 이 균형을 강조해 왔다. 스토아 철학은 감정의 절제를 통해 평정심을 추구했고, 동양의 『도덕경』은 자연스러운 흐름 속에서 무리 없는 삶을 강조했다. 지나침과 모자람을 경계하는 이 지혜는 오늘날의 건강 관리에도 여전히 유효하다.

사례는 이를 더 분명히 보여 준다. 세계적 신경학자이자 작가였던 올리버 색스(Oliver Sacks)는 매일 수영으로 몸을 단련하고 글쓰기로 마음을 정돈했다. 그는 연구와 환자 돌봄 속에서도 균형을 잃지 않으며 삶의 활력을 이어갔다. 또 한국의 한 70대 여성은 내일 아침 공원을 걷고, 저녁마다 감사 일기를 쓰는 습관을 10년간 이어 왔다. 그녀는 "나이는 늘었지만 마음은 오히려 가벼워졌다"고 고백했다. 두 사례는 건강이 신체적 능력뿐 아니라 정신적 평온과 의미 추구까지 포함한다는 사실을 잘 보여 준다.

결국 건강은 단순한 자기 관리가 아니라, 다른 모든 삶의 기둥을 떠받치는 가장 근본적인 토대이다. 건강이 무너지면 관계도, 성장도, 기반도 흔들린다. 그러나 몸과 마음을 함께 지킬 때, 삶은 흔들림 없이 이어진다. 한 걸음의 걷기와 한 줄의 일기가 쌓여, 세월의 무게를 버티는 보이지 않는 기둥이 된다.

제2 기둥: 관계와 공동체

삶을 지탱하는 또 하나의 기둥은 관계다. 우리는 흔히 건강과 재정을 우선시하지만, 일상의 의미와 마음의 평온을 떠받치는 힘은 타인과의 연결에서 비롯된다. 아무리 몸이 튼튼하고 통장이 두둑해도 함께 밥을 나누고 대화를 이어갈 이가 없다면 삶은 텅 비어 버린다. 관계는 보이지 않는 안전망이자, 위기를 견디게 하는 정서적 자산이다.

관계는 거창한 이벤트에서 생기지 않는다. 부모님께 드리는 짧은 안부 전화, 배우자와 걷는 저녁 산책, 자녀와 나누는 하루의 대화 같은 작은 행동들이 신뢰와 친밀감을 쌓는다. 이런 작은 일상이 꾸준히 이어질 때 관계는 위기 속에서도 우리를 지탱하는 든든한 그물망이 된다. 반대로 관계를 방치하면 줄은 약해지고, 뒤늦은 회복은 쉽지 않다.

또한 관계는 가족만으로 충분하지 않다. 지역사회와의 연결, 세대 간 교류, 공동체 속 경험은 삶을 풍요롭게 만든다. 봉사 현장에서의 협력, 취미 모임에서의 웃음, 학습 공동체에서의 토론은 인간이 본래 지닌 사회적 본성을 충족시킨다. 인간은 혼자가 아니라 연결된 존재로 살아가도록 만들어졌다.

문학도 관계의 힘을 오래전부터 증언해 왔다. 빅토르 위고의 『레 미제라블』에서 장 발장은 코제트와의 만남을 통해 절망 속에서도 삶의 의미를 다시 발견한다. 또한 찰스 디킨스(Charles Dickens)의 『크리스마스 캐럴』은 에벤에저 스크루지가 타인과의 연대를 회복하면서 삶을 근본적으로 새롭게 살아가게 됨을 보여 준다.

사회학 연구 역시 같은 결론에 도달한다. 스웨덴에서 진행된 노인 생활 연구는 사회적 모임에 정기적으로 참여하는 고령자가 그렇지 않은 이들보다 우울감이 현저히 낮고 심리적 회복력이 강하다는 사실을 밝혔다. 관계는 단순한 즐거움이 아니라 장수와 정신 건강을 결정짓는 핵심 요인이었다.

실제 사례도 있다. 한국의 한 마을에서는 주민들이 매주 '공동 부엌'을 열어 함께 음식을 만들고 나누었다. 처음에는 반찬을 나누는 소박한 모임이었지만, 시간이 흐르며 서로의 집안 사정과 고민을 나누는 자리가 되었다. 한 70대 참여자는 이렇게 말했다. "이 모임 덕분에 집에만 머물던 제 삶이 다시 환해졌습니다." 일본의 한 시골 마을에서는 주민들이 '이키가이(生き甲斐, 살아갈 이유)' 모임을 열어 밭을 일구고 수확을 나누며, 노년의 삶을 지탱하는 힘을 관계 속에서 찾았다.

관계의 가치는 나이가 들수록 더 크게 다가온다. 젊은 시절에는 일과 성취가 중심이 되지만, 은퇴 이후에는 함께 시간을 나눌 사람이 인생의 만족도를 결정한다. 관계는 단순히 외로움을 달래는 장치가 아니다. 대화와 웃음, 교류는 정체성을 확인시켜 주고, 위기의 순간 다시 일어설 수 있는 내적 회복력을 제공한다.

결국 관계는 우리가 돌봐야 할 또 하나의 '건강'이다. 몸의 건강이 생명을 버틴다면, 관계의 건강은 삶의 의미를 지탱한다. 짧은 안부 인사와 소박한 만남이 모여 인생의 후반부를 지탱하는 가장 따뜻한 기둥이 된다. 관계는 선택이 아니라 삶을 빛나게 하는 필수이다.

제3 기둥: 성장과 즐거움

삶은 단순히 하루하루를 이어가는 것이 아니라, 끊임없이 넓어지고 새로워질 때 비로소 활력을 얻는다. 그 중심에는 성장과 즐거움이 있다.

흔히 "이제 나이도 있는데 새로 무엇을 배우겠는가"라고 말하지만, 배우는 행위야말로 뇌와 마음을 젊게 유지하는 가장 확실한 방법이다. 새로운 언어를 익히거나 악기를 연주하며 손끝을 움직이는 순간, 뇌는 신경망을 확장하고 사고의 유연성을 되찾는다. 학습은 단순한 지식 축적이 아니라 "나는 여전히 성장할 수 있다"는 내적 선언이며, 삶의 궤도를 다시 정렬하는 기회다. 실제로 60대에 피아노를 배우기 시작한 한 이는 손주와 함께 연주회를 열며 "배움이 세대를 잇는 다리가 되었다"고 말했다.

여기에 즐거움이 더해지면 삶의 무게는 한결 가벼워진다. 즐거움은 사치가 아니라 필수다. 소설 속에 몰입하는 시간, 흙을 만지며 꽃을 가꾸는 순간, 취미 활동 속에서 터져 나오는 웃음은 몸과 마음의 긴장을 풀어 준다. 특히 은퇴 이후 해야 할 일이 줄어드는 시기에는 즐거움을 의식적으로 채우지 않으면 공허가 그 자리를 차지한다. 따라서 여가와 취미는 단순한 소일거리가 아니라 인생 후반부의 균형을 지키는 전략이다.

여행은 성장과 즐거움을 함께 묶어 주는 특별한 경험이다. 낯선 도시의 길을 걷거나 다른 문화의 일상을 마주할 때, 삶의 시야는 강렬하게 확장된다. 단테(Dante Alighieri)의 『신곡』이 보여 주듯이, 여행은 물리적 이동을 넘어 내적 변화를 촉발하는 여정이다. 또한 알랭 드 보통(Alain de Botton)은 『여행의 기술』에서 "여행은 세계를 바꾸는 것이 아니라, 세계를 바라보는 방식을 바꾼다"고 말하며, 여행이 결국 새로운 시각을 열어 준다는 점을 강조한다.

그래서 어떤 이는 은퇴 후 유럽의 도서관과 미술관을 따라 여행하며 평생의 꿈을 완성했고, 또 다른 이는 가까운 섬마을을 돌며 주민들과 교류하며 새로운 관계를 만들었다. 한 부부는 매년 국내의 작은 사찰을 찾아 며칠간 머물며 일상의 리듬을 새롭게 조율했다. 여행의 기억은 단순한 추억이 아니라 이후의 태도와 선택을 바꾸는 힘으로 남는다.

배움은 뇌를 젊게 하고, 즐거움은 마음을 밝게 하며, 여행은 시야를 넓히고 경계를 흔든다. 세 가지가 맞물릴 때 삶은 정체되지 않고, 나이를 거슬러 언제든 새롭게 시작할 수 있다는 확신을 준다. "나는 여전히 배울 수 있고, 즐길 수 있으며, 새로운 세계로 나아갈 수 있다"는 감각은 인생 후반부를 지탱하는 희망의 증거다.

제4 기둥: 기반(재정, 기록, 영성)

삶은 눈에 보이는 것만으로 지탱되지 않는다. 건강이 몸을 세우고, 관계가 마음을 붙들며, 성장이 삶을 넓힌다 해도, 그 모든 것을 안정적으로 떠받치는 보이지 않는 토대가 없다면 인생은 쉽게 흔들린다. 이 기초가 바로 재정, 기록, 그리고 영성이다.

네 기둥 중 마지막 축인 '기반'은 평소에는 간과되기 쉽지만, 인생의 후반부로 갈수록 그 필요성이 절실히 드러난다. 단단한 기반은 작은 충격에도 흔들리지 않는 버팀목이 되지만, 불안정한 기반은 사소한 변화에도 삶 전체를 무너뜨린다.

먼저 재정은 가장 직접적으로 삶을 지탱하는 기둥이다. 경제적 불안은 그림자처럼 마음을 잠식해, 하고 싶은 일조차 주저하게 만든다. 반대로 안정된 재정은 선택의 폭을 넓히고 새로운 도전을 가능하게 한다. 한 부부는 매달 가계부를 정리하며 여행 기금을 조금씩 모았다. 10년 뒤 그들은 평생의 꿈이던 세계 여행을 떠날 수 있었고, 재정 관리가 단순한 절약이 아니라 꿈을 실현하는 힘임을 깨달았다. 중요한 것은 끝없는 축적이 아니라, 필요를 충족시키면서도 미래를 대비할 수 있는 합리적 분배이다. 정기적인 지출 점검과 노후 대비, 작은 비상금은 불안을 줄이고 삶에 안정감을 준다.

둘째, 기록은 흘러가는 시간을 붙잡는 행위다. 하루는 쉽게 잊히지만, 기록을 남기는 순간 그 시간은 흔적이 된다. 짧은 메모, 일기 한 줄, 사진 한 장은 지나간 삶을 돌아보게 하고 다가올 삶을 준비하는 거울이 된다. 한 교사가 30년간 써온 수업 일지는 은퇴 후 제자들에게 다시 읽히며 새로운 배움의 자산이 되었다. 이처럼 기록은 단순한 습관을 넘어, 세대와 공동체를 이어주는 다리가 된다.

셋째, 영성은 기반 가운데서도 가장 깊은 층을 이룬다. 인간은 누구나 언젠가 죽음을 맞이한다. 그때 재정이나 기록만으로는 마음의 두려움을 덜 수 없다. 영성은 삶을 넘어선 차원을 바라보게 하며, 죽음을 단절이 아닌 하나의 과정으로 이해하게 한다. 신앙·명상·자연과의 교감 등은 각자에게 다른 방식으로 초월적 의미를 열어 준다. 톨스토이(Lev Nikolayevich Tolstoy)는 『참회록』에서 삶과 죽음의 의미를 성찰하며, 내적 영성이야말로 불안을 넘어서는 힘임을 강조했다. 어떤 노인은 매일 저녁 호숫가에서 노을을 바라보며 짧은 기도를 드렸고, 그는 "이 시간이 나를 내일로 건너가게 한다"고 고백했다. 작은 의식이 일상의 두려움을 다스리고, 순간을 영원의 빛으로 바꾸어 준 것이다.

결국 기반은 겉으로 잘 보이지 않지만 삶 전체를 떠받치는 기초석이다. 재정은 자유의 공간을 넓히고, 기록은 기억을 이어주며, 영성은 죽음마저 의미의 일부로 받아들이게 한다. 이 세 가지가 단단히 맞물릴 때, 건강·관계·성장이라는 다른 기둥들도 안정적으로 제자리를 지키게 된다.

작지만 확실한 실행

인생의 집은 하루아침에 세워지지 않는다. 건강·관계·성장·기반이라는 네 기둥은 시간이 걸리더라도 조금씩 고르게 세워져야 한다. 어느 한쪽에만 기대면 다른 축이 흔들리고, 결국 전체가 무너진다. 네 기둥은 따로 존재하는 것이 아니라 서로 연결되어, 건강이 관계를 지탱하고, 관계가 성장을 이끌며, 기반이 모든 것을 떠받친다. 중요한 것은 크고 화려한 성취가 아니라, 작은 습관과 꾸준한 실천으로 네 기둥을 균형 있게 세워 나가는 일이다. 그렇게 세워진 삶의 집은 세월의 바람에도 흔들리지 않고 오래도록 자리를 지킨다.

우선순위 정하기

삶의 네 기둥을 한꺼번에 완벽히 세우려는 시도는 겉으로는 의욕적으로 보이지만, 실제로는 쉽게 지치고 중도에 포기하기 쉽다. 에너지는 한정되어 있고, 집중력은 무한하지 않기 때문이다.

따라서 출발점은 지금 내 삶에서 가장 절실한 영역이 무엇인지 분별하는 일이다. 모든 것을 다 잘하려는 욕심 대신, 핵심 몇 가지에 힘을 모을 때 변화는 훨씬 실질적이고 지속 가능하다. 집중은 포기가 아니라, 삶을 깊이 파고드는 또 다른 방식이다.

은퇴한 한 부부는 이 원리를 삶에 적용했다. 처음 찾아온 공허와 불안을 피하기 위해, 앞으로 10년을 지탱할 세 가지 목표를 세웠다.

첫째는 건강이다. 매일 아침 함께 걷고, 균형 잡힌 식단을 유지했다.

둘째는 여행이다. 매년 한 나라씩 방문하며 다른 문화와 사람들을 직접 경험했다.

셋째는 봉사다. 지역 도서관에서 아이들에게 책을 읽어 주며 세대 간 다리를 놓았다.

그들의 목표는 거창하지 않았다. 그러나 일상에 맞게 구체화했기에 실행력이 있었다. 그 결과 은퇴 생활은 단순히 시간이 흘러가는 과정이 아니라 새로운 의미와 활력으로 채워졌다.

비슷한 실천은 다른 세대에서도 나타난다. 50대 직장인은 주말마다 가족 식탁을 지키는 것을 최우선으로 삼았고, 70대 홀로 사는 노인은 매일 짧은 일기를 쓰며 마음의 균형을 되찾았다. 우선순위를 좁히는 작은 선택이 삶의 전체 풍경을 바꾸어 놓은 것이다.

문학 또한 이 원리를 오래전부터 일깨워 왔다. 조지 엘리엇(George

Eliot)의 『미들마치』에서 도로시아는 거창한 이상이 아니라, 가까운 관계와 작은 선택 속에서 삶의 의미를 발견한다. 이는 삶의 방향을 거대한 목표가 아니라, 지금 가장 소중한 한 가지에 두었을 때 어떻게 인생이 달라지는지를 잘 보여 준다.

건강으로 활력을 얻고, 여행으로 시야를 확장하며, 봉사로 소속감을 나눈 이들은 10년이 지난 지금도 흔히 말하는 '쇠퇴의 시기'를 입에 올리지 않는다. 오히려 이렇게 고백한다.

"은퇴 후가 인생의 황금기였다."

그 말은 단순한 회고가 아니라, 삶의 우선순위가 곧 삶의 빛깔을 결정한다는 증거다.

작은 목표로 나누기

큰 목표는 반드시 작은 단위로 나누어야 한다. 사람들은 흔히 "크게 생각해야 한다"는 말에 압도되어 막연히 거대한 목표를 세우지만, 정작 실행 단계에서 발걸음을 내딛지 못하는 경우가 많다.

"올해는 건강을 완전히 회복하겠다."

"가족 관계를 새롭게 바꾸겠다."

"재정 문제를 모두 해결하겠다."

이런 선언은 의욕적이지만, 구체적 행동으로 전환하기에는 막연하다. 목표가 지나치게 크면 출발점부터 부담이 되고, 작은 실패에도 쉽게 포기하기 때문이다.

따라서 거대한 목표는 오늘 당장 실천 가능한 행동으로 세분화해야 한다. 예를 들어 '건강 회복'이라는 추상적 목표는 "매일 아침 20분 걷기"로, '관계 개선'은 "주 1회 친구와 점심 약속 잡기"로, '재정 안정'은 "매달 마지막 주 지출 내역 점검하기"로 바꿀 수 있다. 작은 행동으로 구체화된 목표는 실현 가능성이 높고, 달성했을 때의 성취감은 다시 더 큰 동력을 만들어낸다.

60대 후반의 어떤 남성의 경험은 이를 잘 보여 준다. 그는 당뇨 관리 차원에서 '하루 만 보 걷기'를 권고 받았지만, 처음부터 만 보를 채우는 것은 불가능했다. 그는 목표를 '하루 3천 보 걷기'로 줄였고, 이를 꾸준히 이어가며 습관을 만들었다. 한 달 뒤에는 5천 보, 세 달 뒤에는 7천 보로 자연스럽게 늘려 갔고, 6개월 후에는 무리 없이 만 보를 걸을 수 있었다. 작은 시작이 큰 변화를 만든 것이다.

비슷한 방식은 다른 영역에서도 통한다. 어떤 이는 '관계 회복'을 위해 거창한 대화 대신 매일 아침 배우자에게 짧은 메모를 남겼고, 또 다른 이는 '재정 관리'를 위해 거대한 계획표 대신 "커피값 줄이기" 같은 작은 지출부터 점검했다. 작은 조정이 모여 결국 삶의 균형을 바꾸어 놓았다.

노자(老子)는 "천 리 길도 한 걸음부터(千里之行 始於足下)"라고 말했다. 셰익스피어 역시 『맥베스』에서 인생을 '하루하루의 작은 걸음으로 이루어지는 행진'에 비유하며, 결국 현재의 사소한 선택이 미래를 결정한다고 일깨웠다.

작은 걸음의 누적이 큰 변화를 완성한다. 목표는 크게 세우되, 실천은 작게 나누어야 한다. 그렇게 쪼개진 작은 행동들이 모여, 인생의 큰 강줄기를 바꿔 놓는다.

기록과 점검의 습관화

삶의 기둥을 단단히 세우려면 기록과 점검의 습관이 반드시 필요하다. 기록은 단순한 메모가 아니라, 스스로를 관리하는 가장 강력한 도구다.

기록은 작은 성취를 눈으로 확인하게 한다. 매일 운동 시간을 체크하거나, 한 달 동안 만난 사람을 적는 것만으로도 "나는 해냈다"는 감각이 쌓인다. 이 눈에 보이는 흔적은 동기를 불러일으켜 다시 행동으로 이어진다. 동시에 기록은 현실을 객관적으로 드러낸다. 막연히 "나는 잘하고 있어"라고 생각했던 부분도 부족함이 보이고, 반대로 과소평가하던 영역에서는 이미 많은 진전을 이룬 사실을 확인할 수 있다.

그러나 기록은 쌓이는 것으로 끝나서는 안 된다. 반드시 정기적인 점검과 연결되어야 한다. 매달 혹은 분기마다 목표와 실제 성과를 비교하고, 무엇이 잘 되었고 어떤 부분이 어려웠는지를 적어야 한다. 이 과정을 통해 전략을 세우고, 필요하다면 목표를 조정할 수 있다. 『논어』의 "나는 날마다 세 가지로 자신을 성찰한다(一日三省)"라는 구절은 단순한 반성이 아니라, 일상 속 자기 점검이 균형을 지키는 핵심 습관임을 오래 전부터 보여 준다.

한 60대 중반의 여성은 이를 생활의 축으로 삼았다. 그녀는 매일 두 가지 기록을 빠뜨리지 않았다. 하나는 '감사 일기'로 그날 감사한 일을 세 가지씩 적는 것이었고, 다른 하나는 '건강 체크표'로 식사·운동·수면을 간단히 기록하는 것이었다. 때로는 가족이나 친구와 기록을 나누며 격려와 조언을 주고받았다. 그녀는 이렇게 말했다.

"기록은 나를 관리하는 코치입니다."

덕분에 그녀는 70대 후반에도 여전히 친구들과 산을 오를 수 있었다.

비슷한 실천은 다른 이들에게도 나타난다. 한 직장인은 매주 금요일 업무 일지를 정리하며 다음 주 과제를 점검했고, 한 은퇴사는 매달 가계부와 일기장을 함께 펼쳐 보며 재정과 마음의 균형을 확인했다. 기록은 세대와 상황을 가리지 않고 삶을 붙드는 도구였다.

기록은 과거를 붙잡는 일이 아니라, 내일을 향한 힘을 기르는 행위다. 꾸준히 남긴 흔적은 삶을 지탱하는 또 하나의 기둥이 되어, 우리가 어디쯤 와 있는지, 어디로 가야 하는지를 잊지 않게 한다. 작은 메모와 체크 표시가 모여, 결국 한 사람의 인생을 지탱하는 연대기가 된다.

삶의 네 기둥 주간 점검 워크시트

주간 점검표

영역 (4대 기둥)	이번 주 목표 (구체적으로)	월	화	수	목	금	토	일	주간 메모 (잘한 점/보완점)
건강 (몸·마음)	매일 20분 걷기	☐	☐	☐	☐	☐	☐	☐	
	감사 일기 쓰기	☐	☐	☐	☐	☐	☐	☐	
관계 (가족· 공동체)	부모님께 안부전화	☐	☐	☐	☐	☐	☐	☐	
	친구와 점심 약속	☐	☐	☐	☐	☐	☐	☐	
성장· 즐거움 (배움·여가· 여행)	책 30쪽 읽기	☐	☐	☐	☐	☐	☐	☐	
	주말 나들이	☐	☐	☐	☐	☐	☐	☐	
기반 (재정·기록· 영성)	지출 점검	☐	☐	☐	☐	☐	☐	☐	
	일기 쓰기	☐	☐	☐	☐	☐	☐	☐	
	명상 10분	☐	☐	☐	☐	☐	☐	☐	

사용법

① 이번 주 목표 적기
- 각 기둥별로 구체적 행동을 적는다.
- 막연하게 '건강 회복'으로 설정하지 말고 구체적으로 '아침 스트레칭 10분' 등으로 목표를 설정한다.

② 요일별 체크하기
- 실행한 날에 네모칸에 체크(☐ → ✓).
- 매일 목표는 7칸 모두, 주 1회 목표는 해당 요일만 체크.

③ 주간 메모 기록
- 잘한 점 + 보완할 점을 간단히 메모한다.

④ 주간 성찰 질문 (아래에 답하기)
- 이번 주에 가장 잘 지킨 습관은? _____
- 예상보다 어려웠던 점은? _____
- 다음 주 반드시 지켜야 할 한 가지는? _____

⑤ 다음 주로 연결
- 잘된 부분은 유지, 어려웠던 부분은 구체적으로 수정·보완

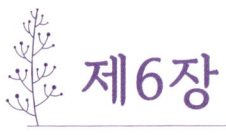

제6장

함께 살아야
더 행복

관계는 의지로 만들어진다

많은 사람들은 "시간이 지나면 관계는 저절로 이어진다"고 믿지만, 현실은 그렇지 않다. 시간은 관계를 지켜주지 않는다. 돌봄의 의지가 사라지면 관계는 금세 희미해진다.

친구와의 연락이 끊기고, 가족과의 대화가 줄어드는 이유도 결국 작은 노력을 지속할 마음을 잃었기 때문이다. 관계는 스스로 존재하지 않는다. 누군가의 손길과 배려가 이어질 때에만 살아남는다.

한 중년의 여성은 해외로 이주한 뒤, 고향 친구들과의 인연이 멀어질까 두려웠다. 그래서 매달 첫째 주 토요일마다 짧은 편지를 보냈다. 내용은 계절의 안부, 최근 읽은 책, 일상의 소감 정도였다. 하지만 몇 년이 흐르자, 그 편지들은 친구들과 이어주는 다리가 되었고, 오랜만의 재회에서도 어제 만난 듯 웃음을 나눌 수 있었다.

관계는 특별한 행사에서 만들어지지 않는다. 짧은 메시지, 따뜻한 식사, 소박한 안부 인사 같은 작은 행동이 관계를 숨 쉬게 한다. 관계는 시간이 쌓이는 것이 아니라 의지가 쌓이는 것이다. 시간은 그저 흘러가지만, 의지는 방향을 만들고 관계에 생명력을 불어넣는다. 그렇기에 관계를 지키고 싶다면 거창한 수고보다 작고 의식적인 반복이 필요하다.

자연스러운 관계는 없다

관계는 나무와 같다. 물을 주지 않으면 마르고, 돌보지 않으면 가지가 뒤엉킨다. 뿌리가 굵어도 돌봄이 사라지면 결국 시든다. 사람 사이의 인연도 마찬가지다. 시간만으로는 결코 깊어지지 않는다.

고대 사상가들은 이미 이를 강조했다. 아리스토텔레스(Aristoteles)는 인간을 '정치적 동물(zōon politikon)'이라 규정하며 공동체 속에서만 완전해진다고 보았다. 동시에 그는 우정(φιλία, philia) 역시 의도적인 관심과 교류 없이는 지속될 수 없다고 지적했다. 로마의 키케로(Marcus Tullius Cicero) 역시 『우정론』에서 우정은 단순한 감정이 아니라 지속적인 선택과 호의(benevolentia)의 결과라고 보았다. 결국 관계는 자연스러운 흐름이 아니라 꾸준한 선택과 실천 위에 세워지는 것이다.

현대 연구에서도 같은 결론을 보여 준다. 장수와 행복을 결정짓는 것은 재산이나 지위가 아니라, 의식적으로 관리된 관계였다. 대화가 줄고 만남이 끊어지면 친밀감은 빠르게 사라지고, 이는 곧 외로움과 건강 악화로 이어졌다.

문학에서도 이러한 진실은 자주 묘사되었다. 체호프(Anton Pavlovich Chekhov)의 『세 자매』 속 인물들은 서로의 곁에 있으면서도 정작 진심 어린 소통을 놓친다. 결국 각자는 외로움 속에서 삶을 흘려보내며, 공동체의 해체를 경험한다. 이는 단순한 비극적 서사가 아니라, 관계의 부재가 어떻게 인간 존재를 고립시키는지를 보여 주는 장면이다.

한 은퇴자의 사례도 이를 잘 보여 준다. 그는 직장을 떠난 뒤 "언젠가 보자"는 말만 남긴 친구들이 차츰 멀어지는 것을 경험했다. 한 친구의 부고 소식을 접하고서야 관계가 이미 끊어져 있음을 깨달은 그는, 매달 달력에 한 사람의 이름을 적어 직접 연락하는 습관을 들였다. 작은 만남이 쌓이면서 그는 다시금 관계가 주는 활기를 되찾을 수 있었다.

그는 이렇게 고백했다.

"관계는 시간이 지켜주는 것이 아니라, 내가 지켜내는 것이다."

따라서 관계를 소중히 여긴다면 시간에 맡겨서는 안 된다. 작은 안부 인사, 의도적인 만남, 꾸준한 관심이 관계를 숨 쉬게 한다. 인생 후반부에 우리 곁에 남는 인연은 우연이 아니라, 돌봄과 의지의 흔적이 만든 결과다. 결국 인간은 본능적으로 공동체를 원하지만, 그것이 지속되려면 '돌봄의 기술(care skill)'과 '관계적 습관(relational habit)'이 반드시 필요하다.

연락은 마음의 다리 30 30 30

멀리 있는 사람에게 전화를 걸거나 짧은 메시지를 보내는 일은 사소해 보이지만, 사실은 마음과 마음 사이에 다리를 놓는 행위다. 몇 줄의 글자, 몇 초의 목소리만으로도 사람은 "내가 여전히 기억되고 있구나"라는 안도감을 얻는다. 짧은 인사가 단절된 길을 다시 이어주고, 멀어질 수 있던 관계를 되살린다.

역사 속에서도 작은 연락은 큰 힘을 발휘했다. 괴테(Johann Wolfgang von Goethe)와 실러(Friedrich Schiller)는 서로 수백 통의 편지를 수고받으며 문학적 영감을 나눴고, 그 서간은 두 사람의 우정을 지탱하는 토대가 되었다. 근현대 한국에서도 독립운동가들은 감옥에서 보낸 짧은 편지를 통해 가족과 동지에게 용기와 희망을 전했다. 몇 줄의 글씨가 거대한 거리와 담장을 넘어 마음을 이어준 것이다.

현대 사회학에서는 이를 '네트워크 자본'이라 부른다. 직접 만나지 못해도 한 통의 메시지가 관계를 유지하는 자원이 되고, 줄어드는 만남을 대신해 사회적 안전망을 보완한다.

70대 초반의 한 남성은 매주 토요일마다 대학 시절 동기들에게 짧은 이메일을 보낸다. 책에서 인상 깊은 구절 한 줄, 동네에서 찍은 사진 한 장이면 충분하다. 친구들은 "그 메일을 기다리는 재미로 한 주를 시작한다"고 말한다. 몇 분의 수고가 누군가의 하루에 온기를 더하는 것이다.

스마트폰 알림창에 뜬 작은 신호도 단순한 문자가 아니다. 70대 중반의 한 여성은 친구들과 '안부 사진방'을 운영한다. 아침에 찍은 꽃, 저녁 밥상 위 반찬, 산책길에서 만난 고양이 사진이 오간다. 특별할 것 없는 기록 같지만, 서로의 일상에 동참하고 있다는 감각이 고립을 막아 준다. "오늘 사진이 없으면 허전하다"는 말은 연락이 곧 정서적 안전망임을 보여 준다.

사람들은 종종 연락을 미룬다. "방해가 되지 않을까", "다음에 만나면 되지"라고 생각하지만, 그 '다음'은 쉽게 오지 않는다. 연락은 기다릴 일이 아니다. 긴 대화가 아니어도, 화려한 문장이 없어도 된다. 짧은 신호만으로도 관계는 숨을 쉰다.

연락은 시간을 빼앗는 일이 아니라 시간을 선물하는 일이다. 작은 다리를 놓는 데는 수고가 필요하지만, 그 다리를 건너는 순간 사람은 고립에서 벗어나 위로를 얻는다. 연락은 단순한 행위가 아니라 '정서적 지속성'을 만드는 기술이다. 작은 신호가 반복될 때 상대는 "내가 여전히 의미 있는 존재구나"라는 확신을 얻고, 이는 관계를 지탱하는 보이지 않는 줄기가 된다.

이처럼 연락의 본질은 단순한 대화가 아니라, 서로의 삶 속에 여전히 발자국을 남기고 있다는 표지를 확인하는 것이다.

관계는 불씨와 같다

불씨는 방치하면 어느새 식어 사라지지만, 작은 바람과 장작을 더하면 다시 살아난다. 아무리 오래된 인연이라도 돌봄이 끊기면 차갑게 식고, 아주 작은 관심이 이어질 때 다시 따뜻해진다.

역사 속 공동체는 늘 불을 중심으로 모였다. 고대 그리스의 광장은 시민들이 모닥불을 둘러싸고 토론하던 공간이었고, 한국 농촌의 아궁이는 가족과 이웃이 함께 둘러앉아 음식을 나누던 자리였다. 불은 단순한 도구가 아니라 사람들을 이어주는 중심이었다. 관계 역시 마찬가지다. 따뜻함은 저절로 생기지 않는다. 누군가의 안부를 묻고, 시간을 함께 보낼 때만 불씨는 꺼지지 않는다.

문학에서도 이러한 진실은 반복적으로 그려졌다. 톨스토이(Lev Nikolayevich Tolstoy)의 『부활』에서 주인공 네흘류도프는 과거의 잘못으로 인해 끊어진 관계를 회복하려 애쓰며, 작은 연민과 돌봄이 삶을 다시 밝히는 불씨가 됨을 깨닫는다. 관계는 삶을 다시 일으키는 힘이다. 그것은 거대한 사건이 아니라, 불빛처럼 켜졌다 사라졌다 하는 매일의 과정 속에 있다.

장수 지역을 연구한 '블루존(Blue Zones)' 프로젝트 역시 같은 결론을 보여 준다. 오키나와, 사르데냐, 이카리아 등 세계 장수 마을의 노인들은 재산이나 지위보다, 매일같이 가족·이웃과 어울리고 공동체 활동을 지속하는 삶을 통해 건강과 행복을 유지했다. 반복되는 인사, 함께하는 식사, 소박한 대화가 장수의 핵심 요인이었다. 작은 관계의 돌봄이야말로 삶을 지탱하는 불씨였다.

70대 한 여성의 사례도 이를 잘 보여 준다. 그녀는 친구와 가족을 위해 작은 불씨를 살린다는 마음으로 매주 토요일 '차 한 잔 모임'을 열었다. 특별한 행사가 아니라, 집 근처 카페에 앉아 지난 한 주의 일상을 나누는 자리였다. 그 모임 덕분에 그녀의 집은 늘 활기가 돌았고, 코로나 이후에도 관계의 불씨는 꺼지지 않았다. 그녀는 이렇게 말했다.

"모임이 없었다면 제 마음은 아마도 많이 차가워졌을 겁니다. 작은 만남이 제 삶의 난로가 되었어요."

관계는 거대한 이벤트로 살아나지 않는다. 오히려 소박한 관심, 작은 대화, 짧은 인사가 모여 불씨를 지킨다. 불을 유지하는 데는 많은 장작이 필요하지 않다. 단지 끊이지 않는 돌봄이 필요할 뿐이다.

관계의 불씨는 심리학에서 말하는 '정서적 에너지(emotional energy)'와도 같다. 관심과 애정은 연료처럼 작동해 상호 간의 정서적 온도를 유지시켜 준다. 중요한 것은 크고 특별한 장작이 아니라, 작은 불어넣음의 습관이다. 그렇게 지켜낸 불씨는 개인의 안녕뿐만 아니라 공동체 전체를 덥히는 힘이 된다.

신뢰와 상호성의 원리

관계를 오래 지켜주는 힘은 단순한 만남의 횟수가 아니라 신뢰(trust)와 상호성(reciprocity)이다. 신뢰가 없는 관계는 작은 오해에도 쉽게 흔들리고, 일방적인 관계는 오래 지속될 수 없다. "나는 너를 믿는다"는 확신과 "나는 네가 내게 주는 만큼 나도 너에게 돌려주겠다"는 균형이 맞춰질 때, 관계는 뿌리 깊은 나무처럼 흔들리지 않는다.

역사 속에서도 신뢰와 상호성은 공동체를 떠받치는 기둥이었다. 고대 그리스의 시민들은 폴리스 안에서 약속을 지키며 공적 생활을 유지했고, 조선의 향약은 마을 사람들 사이의 상호부조를 제도화해 위기 속에서도 삶을 지탱했다. 신뢰는 개인적 감정이 아니라 사회적 자본이며, 상호성은 그 자본을 순환시키는 장치였다.

현대 심리학은 이를 '심리적 계약(psychological contract)'이라 부른다. 겉으로 드러나는 계약이 없어도 사람들은 서로 기대와 의무를 주고받는다고 느낀다. 이 계약이 지켜질 때 관계는 안정되지만, 깨질 때는 쉽게 무너진다. 결국 관계의 지속 여부는 얼마나 자주 만나느냐보다, 그 안에서 신뢰와 균형을 경험하느냐에 달려 있다.

한 60대 중반 남성은 매달 동창 모임에 빠짐없이 나갔지만, 늘 자신이 비용을 부담하는 상황이 반복되자 마음이 지쳐 결국 모임을 떠났다. 반대로, 다른 모임에서는 참가자들이 돌아가며 식사를 준비하고 서로의 가족에게도 도움을 주며 상호적인 돌봄을 실천했다. 이 모임은 30년 넘게 이어졌다.

사회심리학자 로버트 치알디니(Robert Beno Cialdini)는 『설득의 심리학』에서 인간 행동을 움직이는 여섯 가지 원리 중 첫 번째로 '상호성의 법칙'을 제시했다. 그는 사람들이 누군가에게 받은 호의나 선물을 반드시 되돌려주려는 심리적 압력을 느낀다고 설명했다. 작은 호의라도 선행이 시작되면, 상대는 무언가로 보답하려 하고, 이것이 관계를 단단히 이어주는 연결 고리가 된다.

이 원리는 거대한 사건보다 일상의 작은 습관 속에서 더욱 강력하게 작동한다.

- **작은 선물과 나눔**: 따뜻한 음료 한 잔, 모임 후 챙겨주는 작은 간식, 여행지에서 가져온 기념품은 단순한 물건이 아니라 "당신을 기억했다"는 신호다.
- **반복적인 배려 습관**: 주기적으로 안부를 묻거나 중요한 날을 챙기는 습관은 깊은 신뢰를 남긴다. 정기적인 전화, 함께하는 식사, 관심사를 공유하는 행동은 시간이 흐르며 관계의 '정서적 저금통'을 채워준다.
- **균형 잡힌 주고받음**: 억지로 맞추려 하기보다 자연스럽게 균형

을 유지하는 태도가 중요하다. 한 번은 내가 주고, 다른 때는 도움을 받으면서 "나는 혼자가 아니다"는 상호 의존의 감각이 형성된다.

- 상대의 필요에 민감하기: 내가 주고 싶은 것이 아니라 상대가 필요로 하는 것을 채워주는 배려는 관계를 깊게 만든다. 피곤한 날의 짧은 위로, 힘든 시기의 작은 도움, 말없이 들어주는 태도 자체가 큰 힘이 된다.

상호성은 결국 '작은 반복의 누적'이다. 의무감에서 비롯된 것이 아니라, 서로의 존재를 기쁘게 확인하는 과정 속에서 자연스럽게 지속된다.

신뢰와 상호성은 관계를 단단하게 묶는 보이지 않는 접착제다. 신뢰는 상대를 있는 그대로 받아들이는 용기고, 상호성은 그 용기에 응답하는 책임이다. 이 두 가지가 함께할 때 관계는 단순한 만남을 넘어, 함께 살아가는 힘의 기반이 된다.

관계를 지키는 신뢰와 상호성 워크시트

체크	실천 항목	메모/기록
☐	안부 묻기	오늘 연락한 사람: _____
☐	작은 호의 실천하기	내가 건넨 도움이나 나눔: _____
☐	기억과 축하 나누기	챙긴 기념일과 축하 메시지: _____
☐	정기적 루틴 만들기	오늘 지킨 루틴: _____
☐	균형 점검하기	☐ 주기만 함 / ☐ 받기만 함 / ☐ 균형
☐	상대의 필요 살피기	배려한 필요: _____
☐	경청하기	오늘 들어준 이야기: _____
☐	감사 표현하기	표현한 감사의 말과 행동: _____

관계 넓히기와 깊어지기

관계는 단순히 오래 이어가는 데서 멈추지 않는다. 나이가 들어도 삶의 활기와 의미를 지키려면, 새로운 연결을 더하고 기존의 인연을 한층 더 깊게 돌보아야 한다. 익숙한 사람들과 안정된 관계는 든든한 힘이 되지만, 그것만으로는 단조로움과 고립에 갇히기 쉽다.

관계를 넓힌다는 것은 단순히 아는 사람의 숫자를 늘리는 일이 아니다. 그것은 서로의 삶을 자극하고, 새로운 가능성을 여는 연결을 만들어 가는 것이다. 이웃과의 짧은 대화, 새로운 모임 참여, 세대 간 교류는 모두 삶의 울타리를 확장한다. 반대로 관계를 깊게 한다는 것은 피상적인 만남을 넘어서, 시간을 쌓고 협력하며 마음을 나누는 단계로 나아가는 일이다.

사회학자 마크 그래노베터(Mark Granovetter)는 이를 "약한 연결의 힘"이라 불렀다. 가까운 가족이나 절친 같은 강한 연결뿐만 아니라, 가볍게 맺은 지인 관계도 새로운 기회와 활력을 가져다 줄 수 있다는 것이다. 실제로 은퇴 후 봉사단체나 학습 모임에 참여한 사람들은 이전보다 더 다양한 관계 속에서 삶의 의미와 활기를 얻었다는 연구도 있다.

문학은 이러한 관계의 확장과 깊이를 오래 전부터 성찰해 왔다. 셰익스피어의 『십이야』는 낯선 인연 속에서 피어나는 유대와 사랑이 인생을 어떻게 바꿀 수 있는지를 보여 준다. 또한 도스토옙스키(Fyodor Mikhailovich Dostoevsky)의 『죄와 벌』은 라스콜리니코프가 소냐와의 관계를 통해 구원의 길을 발견하는 과정을 묘사한다. 절망 속에서도 타인의 이해와 공감이 더해질 때, 인간 내면은 다시 일어설 힘을 얻는다. 문학은 관계가 단순한 사교가 아니라 자신을 새롭게 발견하게 하는 거울임을 일깨운다.

70대 초반 한 여성의 경험은 이를 잘 보여 준다. 평생 교직에서 은퇴한 그는 지역 도서관의 성인 문해교실에 자원봉사자로 참여했다. 처음에는 가르침으로 시작했지만, 시간이 지나며 학생들과 서로의 삶을 나누는 동반자가 되었다. 그는 이렇게 고백했다. "내가 그들을 가르쳤지만, 사실은 내가 더 많은 것을 배우고 얻었다." 관계를 깊게 만든 것은 단순한 봉사가 아니라, 함께 시간을 보내며 마음을 주고받은 일상이었다.

따라서 관계를 넓힌다는 것은 낯선 연결을 두려워하지 않는 작은 용기고, 관계를 깊게 한다는 것은 이미 맺어진 인연에 더 많은 시간과 마음을 기울이는 꾸준한 선택이다. 관계는 지키는 데서 멈추지 않는다. 넓어져야 새로운 길이 열리고, 깊어져야 따뜻함이 오래간다. 익숙한 울타리를 넘어 작은 용기로 새로운 연결을 만들고, 기존 인연에 정성을 더할 때 인생은 고립이 아니라 확장과 성숙의 여정으로 나아간다.

의도적인 만남

만남은 우연히 찾아오는 행운이 아니다. 누군가 먼저 손을 내미는 작은 용기에서 시작된다. 많은 사람들이 시간이 흐르면 자연스럽게 이어질 것이라 믿지만, 돌봄과 노력이 빠진 관계는 금세 희미해진다. 그래서 인생 후반부일수록 더 의식적으로 만남의 자리를 만들 필요가 있다.

의도적인 만남은 결코 거창할 필요가 없다. 커피 한 잔, 짧은 산책, 소박한 점심 약속이면 충분하다. 중요한 것은 "누가 먼저 부를 것인가"라는 주저함을 넘어서는 용기이다. 철학자 마르틴 부버(Martin Buber)는 『나와 너』에서 "진정한 만남은 상대를 전인적으로 마주할 때 가능하다"고 했다. 만남은 단순한 사건이 아니라 서로를 새롭게 만들어가는 행위다.

60대 후반의 한 여성은 은퇴 후 친구들과의 교류가 뜸해지자 '월요일 차 모임'을 만들었다. 특별한 규칙도 없고, 회비도 받지 않았다. 단지 매달 첫째 월요일, 근처 카페에서 차 한 잔을 함께하는 것이 전부였다. 그러나 그 단순한 반복이 관계를 다시 묶어 주었다. 그녀는 말했다. "한 달에 한 번 얼굴을 본다는 약속이 우리를 다시 가까워지게 했습니다." 만남은 기다리는 것이 아니라 만들어내는 것이다.

비슷한 실천은 이탈리아의 '슬로푸드 모임'에서도 볼 수 있다. 주민들은 매달 모여 제철 재료로 음식을 만들고 나누었다. 음식은 특별할 필요가 없다. 누군가는 수확한 토마토로 파스타 소스를 만들고, 또 다른 이는 직접 구운 빵을 가져왔다. 중요한 것은 무엇을 먹느냐가 아니라, 서로의 삶을 나누며 이야기를 이어가는 시간이었다. 반복된 모임은 단순한 식탁을 넘어, 이웃을 묶는 공동체의 끈이 되었다.

의도적인 만남은 화려할 필요가 없다. 오히려 작고 가벼운 자리일수록 부담이 적고 오래 지속이 된다. 정해진 날에 함께 걷기, 온라인으로 안부 나누기, 계절마다 소소한 모임을 열기 같은 작은 실천이 관계에 숨을 불어넣는다.

의도적인 만남을 만들 때 기억할 세 가지 원칙

▣ 날짜를 정해 습관화하기

- 만남은 즉흥적으로 잡으려 하면 미뤄지기 쉽다. 따라서 날짜를 정해 정기적인 습관으로 만드는 것이 중요하다.
  - ※ 예: "매달 첫째 주 토요일 아침에 산책하기", "매주 수요일 점심은 동창 모임"
- 정기적인 약속은 특별한 일이 없어도 서로를 만나게 하고, 관계가 끊기지 않게 이어준다.

▣ 부담 없는 형식으로 시작하기

- 처음부터 큰 모임이나 거창한 약속은 오히려 지속을 어렵게 한다. 작고 가벼운 만남으로 시작할 때 부담이 적다.
  - ※ 예: 집 근처 카페에서 차 한잔하기, 시장 보러 가는 길에 같이 걷기, 동네 공원 산책
- 중요한 건 규모가 아니라, 서로 얼굴을 보고 시간을 함께 나누는

것이다.

■ **돌아가며 주최하기**
- 한 사람이 계속 모임을 이끌면 피로가 쌓인다. 서로 돌아가며 주최하면 책임감이 분산되고, 만남에 다양성이 생긴다.
※ 예: 이번 달은 A씨가 장소를 정하고, 다음 달은 B씨가 준비하기
- 주최자가 바뀌면 모임의 분위기도 달라지고, 모두가 "우리의 모임"이라는 주인의식을 가질 수 있다.

함께하는 프로젝트

관계는 단순한 대화만으로 깊어지지 않는다. 짧은 인사나 웃음도 소중하지만, 진정한 신뢰와 유대는 함께 무언가를 이루는 과정에서 싹튼다. 목표를 세우고 땀을 흘리며, 어려움을 견디고 성취의 기쁨을 나누는 순간 지인은 동료가 되고, 동료는 친구가 된다. 공동의 경험은 피상적인 교류를 넘어 관계의 기초를 단단히 다진다.

역사적으로도 이런 프로젝트는 공동체를 강화해 왔다. 중세의 길드(guild)는 직업을 공유하는 집단을 넘어, 함께 배우고 협력하며 정체성과 소속감을 키운 울타리였다. 현대 사회학자 로버트 퍼트남(Robert

D. Putnam)도 『나 홀로 볼링』에서 공동체 활동이 사회적 자본을 키운다고 지적했다. 혼자 하는 취미보다 함께하는 성취가 더 큰 신뢰와 네트워크를 낳는다는 것이다.

오늘날에도 이 원리는 유효하다. 합창단에서 목소리를 맞추고, 텃밭 모임에서 흙을 일구며, 독서 동아리에서 책을 토론할 때 사람들은 단순한 취미를 넘어 "함께"라는 감각을 경험한다. 작은 활동이라도 공동의 성취는 관계를 단단히 묶어 준다.

70대 초반의 한 남성은 은퇴 후 '사진동우회'에 가입했다. 처음엔 카메라 기술을 배우려는 마음이었지만, 함께 촬영하고 전시회를 준비하는 과정에서 그는 평생의 친구들을 얻었다. 전시회 날 느낀 성취감은 단순히 사진에 국한되지 않았다. 그는 말했다. "사진보다 더 소중한 건, 그 과정에서 함께한 사람들이었습니다."

영국의 한 해안 마을에서는 은퇴자들이 모여 '마을 정원 프로젝트'를 꾸렸다. 잡초 무성하던 공터를 꽃과 채소가 자라는 정원으로 바꾼 것이다. 함께 힘을 모은 과정은 마을의 풍경뿐만 아니라 사람들의 관계까지 새롭게 했다. 완성된 정원은 아이들의 놀이터이자 주민들의 쉼터가 되었고, 이웃 간의 교류는 깊어졌다. 누군가는 이렇게 말했다. "우리가 만든 것은 정원이 아니라, 서로에게 기대어 살 수 있는 신뢰였습니다."

이처럼 함께하는 프로젝트는 단순한 취미가 아니라, 신뢰를 쌓고 소속감을 키우며 평생의 기억을 만드는 과정이다. 개인의 외로움은 공동의 목표 속에서 사라지고, 서로의 차이는 협력 속에서 자산이 된다.

인생 후반부에 활력과 기쁨을 더하고 싶다면, 누군가와 작은 프로젝트라도 시작해 보아야 한다. 의자 하나를 함께 만들고, 꽃 한 송이를 함께 심는 일조차 평생의 인연을 남기는 씨앗이 될 수 있다.

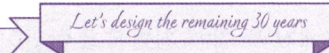

내가 바로 시작할 수 있는 작은 프로젝트 다섯 가지

▣ 동네 걷기 모임 만들기
- 가까운 이웃이나 친구 두세 명과 "매주 ○요일 아침 30분 걷기" 약속하기
- 걷는 동안 자연스럽게 대화가 이어지고, 건강도 함께 챙길 수 있음

▣ 작은 독서·영화 모임
- 같은 책 한 권이나 영화 한 편을 정하고, 한 달에 한 번 모여 이야기 나누기
- 깊은 대화가 오가며 서로의 생각과 삶을 이해하게 됨

■ 마을 환경 가꾸기
- 동네 꽃길에 화분 놓기, 동네 쓰레기 줍기 같은 간단한 봉사
- '함께' 한다는 성취감이 생기고, 지역 공동체 의식도 커짐

■ 취미 프로젝트
- 그림, 사진, 요리, 뜨개질 등 각자 결과물을 만들어 모여 공유하기
- 작품을 모아 소규모 전시회나 나눔 행사로 발전시킬 수도 있음

■ 세대 나눔 활동
- 손주 세대, 혹은 청년들과 함께 배우고 가르치는 작은 모임
   ※ 예: 스마트폰 사용법 알려주기 ↔ 젊은 세대에게 옛이야기 들려주기
- 세대 차이를 넘어서는 특별한 관계가 만들어짐

새로운 인맥, 열린 마음

나이가 들수록 많은 사람들이 이렇게 말한다.

"이제는 새로운 관계를 시작하기엔 너무 늦었어."

익숙한 생활 패턴에 머물다 보면 낯선 사람에게 다가가는 일이 귀

찮고, 새로운 모임은 어색하다. 그러나 어떤 시기에도 새로운 인연은 삶에 활력을 불어넣는 가장 확실한 방법이다. 오히려 나이가 들수록 외부와의 연결이 더욱 필요하다. 새로운 인맥은 단순한 사교가 아니라 닫힌 창을 열어 신선한 바람을 맞는 일이자, 고립을 막아 주는 울타리다.

정신의학자 빅토르 프랭클(Viktor Emil Frankl)은 『죽음의 수용소에서』에서 "인간은 어떤 상황에서도 새로운 의미를 발견할 수 있다"고 말했다. 새로운 인맥은 바로 그 의미를 발견하는 길이며, 나이와 상관없이 삶을 다시 여는 활력의 원천이 된다.

연구에 따르면, 은퇴 후 세대 간 교류 모임에 참여한 노인들은 그렇지 않은 집단보다 우울감이 낮고 삶의 만족도가 높았다. 익숙한 인연만 붙들면 안정은 있지만 자극이 줄어들고, 새로운 관계는 배움과 활력을 동시에 가져온다.

한국에서도 다양한 실천이 이어지고 있다. 한 지역 도서관의 '청년-시니어 글쓰기 모임'에서는 60대 이상과 20대 청년이 짝을 이루어 서로의 삶을 글로 나눴다. 처음엔 어색했지만, 시간이 흐르며 존중과 공감이 깊어졌다. 한 70대 참가자는 말했다. "젊은 친구들의 시선으로 내 삶을 다시 보니 새로운 힘이 생겼습니다."

또 다른 사례로 은퇴한 직장인들이 만든 '시니어 멘토링 카페'가 있다. 전직 교사·기술자·은행원은 자신의 경험을 청년에게 전하고, 청년은 디지털 기술을 알려주었다. 단순한 정보 교환을 넘어, 서로의 부족을 채워주며 정서적 유대로 발전했다.

해외에서도 비슷한 시도가 있다. 일본의 '시니어 공유 부엌(shared kitchen)'에서는 은퇴자들이 매주 음식을 준비하고, 청년과 아이들을 초대해 식사를 나눈다. 노인들은 요리를 통해 세대와 문화를 잇고, 청년들은 어르신들의 삶의 지혜를 배운다.

새로운 인맥은 단순히 친구 숫자를 늘리는 일이 아니다. 그것은 다른 관점과 낯선 경험을 내 삶 안으로 들이는 일이다. 오래된 관계는 편안함을 주지만 시야를 좁히기도 한다. 반대로 새로운 인연은 보지 못했던 길을 보여 준다.

결국 열린 마음으로 새로운 관계를 맞이한다는 것은 단순한 사교가 아니다. 삶을 넓히고, 고립에서 벗어나며, 더 다양한 세상과 연결되는 문을 여는 행위이다. 인생 후반부일수록 새로운 인연은 더욱 소중하다. 그 만남은 신선한 에너지를 주고, 예상치 못한 배움과 기쁨을 안겨 준다. 열린 마음은 자신을 젊게 유지하는 가장 확실한 습관 중 하나다.

Let's design the remaining 30 years

새로운 인맥에 마음을 여는 세 가지 실천 팁

▣ 작은 모임에 한 번 참여해보기
- 처음부터 큰 모임이나 단체에 들어가려 하지 말고, 관심 있는 주제의 소규모 모임에 참여
  ※ 예: 도서관 강좌, 동네 걷기 모임, 취미 클래스
- 부담이 적고, 자연스럽게 새로운 사람들과 대화 시작

▣ 세대·배경이 다른 사람에게 먼저 말 걸기
- 나이 차이나 배경 차이가 크다고 주저하지 말고, 가볍게 안부를 묻거나 질문을 해 봄
  ※ 예: "이건 어떻게 배우셨어요?", "요즘 젊은 분들은 이런 걸 좋아하네요"
- 작은 관심 표현이 새로운 인맥의 씨앗이 됨

▣ 관심사 중심의 연결 찾기
- 억지로 친해지려 하기보다, 공통의 관심사에서 시작하는 것이 가장 자연스러움.
  ※ 예: 독서, 요리, 여행, 봉사활동 같은 활동형 모임

> • 같은 목표를 공유하면 금세 대화가 깊어지고, 관계도 오래감.

작은 습관, 깊은 관계

관계는 한 번의 만남이나 특별한 사건으로 깊어지지 않는다. 관계를 이어주는 힘은 거창한 이벤트가 아니라 일상 속에 자리 잡은 작은 습관에서 나온다. 매주 전화하기, 계절마다 안부 전하기, 한 달에 한 번 걷기 같은 단순한 반복이 신뢰와 안정감을 만든다.

심리학자 존 가트먼(John Gottman)의 연구에 따르면, 부부 관계의 만족도를 높이는 요인은 값비싼 선물이나 드문 이벤트가 아니라, 일상에서 반복되는 짧은 긍정적 상호작용이었다. 작은 루틴이 쌓여 감정의 '안전지대'를 형성할 때 관계는 오래 지속된다.

역사를 보아도 루틴의 힘은 오래전부터 확인된다. 고대 로마의 '살루타티오(salutatio)'는 클라이언트가 매일 아침 후견인을 찾아가 인사하는 관습이었는데, 단순한 예법을 넘어 신뢰와 유대를 확인하는 장치였다. 조선시대에도 친척과 이웃이 정기적으로 안부를 주고받는 '문안인사' 문화가 있었고, 이 반복이 공동체의 신뢰를 지켜냈다.

오늘날에도 같은 원리는 적용된다. 지역의 한 노년 모임에서는 '수요일 산책'을 정례화했다. 매주 같은 시간에 가까운 공원을 걷는 단순한 일정이지만, 이 반복이 모임을 10년 넘게 지속시킨 힘이 되었다. 날씨나 거리와 상관없이 "수요일에는 함께 걷는다"는 약속 자체가 관계의 리듬을 만들어 준 것이다.

작은 루틴은 단순한 습관을 넘어 관계의 정서적 리듬을 만든다. 자주 만나지 못해도, 정기적인 연락과 반복되는 의식이 있다면 관계는 쉽게 끊어지지 않는다. 중요한 것은 특별함이 아니라 꾸준함이다. 작은 습관의 누적이 관계를 깊고 따뜻하게 지켜 준다.

관계를 넓히고 깊게 하는 법 실천 워크시트

체크	실천 항목	메모/기록
☐	• 의도적인 만남 만들기 - 먼저 약속을 제안하고, 소박한 사리라노 모임을 가졌다	오늘 내가 초대한 사람과 모임: _____
☐	• 함께하는 프로젝트 - 취미·봉사·공동 활동에 참여해 성취를 나누었다	함께한 활동과 성과: _____
☐	• 새로운 인맥에 열린 마음 - 낯선 모임이나 다른 세대와의 대화를 시도했다	만난 새로운 사람과 느낀 점: _____
☐	• 작은 루틴 만들기 - 정기적인 연락·만남·공동의식을 꾸준히 이어갔다	오늘 또는 이번 주 실천한 루틴: _____

제6장 함께 살아야 더 행복

> **활용 방법**
> - 매주 또는 매달 이 표를 채워 넣으며, 네 가지 항목이 고르게 실천되고 있는지 점검해 봄.
> - 한두 칸만 비어 있어도 괜찮음. 중요한 건 꾸준히 균형 있게 이어가는 것임.
> - 기록이 쌓이면, "내가 관계를 넓히고 깊게 만들어 가고 있구나"라는 성취감을 확인할 수 있음.

외로움과 고립 깨기

노년의 가장 큰 적 중 하나는 외로움이다. 건강이 조금 약해져도 곁에 사람이 있으면 버틸 수 있지만, 아무리 몸이 튼튼해도 마음이 고립되면 삶의 기운은 빠르게 꺾인다.

문제는 외로움이 갑자기 찾아오지 않는다는 점이다. 연락이 줄고, 모임이 하나둘 끊기며, 대화 대신 TV만 켜두는 시간이 늘어날 때, 우리는 서서히 고립의 늪에 빠져든다.

사회학자 에밀 뒤르켐(Émile Durkheim)은 『자살론』에서 사회적 고립이 인간의 생존력 자체를 약화시키는 주요 원인이라고 분석했다. 혼자 있다는 사실보다 더 큰 문제는, 타인의 시선과 돌봄 속에서 존재감을 확인하지 못할 때 삶의 동력이 급격히 떨어진다는 것이다. 외로움은 단순한 감정이 아니라, 삶을 지탱하는 구조적 기반과 직결된 문제이다.

이때 필요한 것은 기다림이 아니라 작은 용기다. 누군가가 다가오기를 바라기보다 내가 먼저 손을 내밀어야 관계는 다시 열린다. 또한 내 안의 고립 신호를 민감하게 알아차리고, 적절한 시점에 도움을 청할 수 있어야 한다. 마지막으로 중요한 것은 내 이야기를 나누는 일이다. 작은 경험이나 감정을 솔직히 꺼내놓는 순간, 우리는 혼자가 아님을 확인하게 된다.

문학도 이를 보여 준다. 찰스 디킨스(Charles Dickens)의 『위대한 유산』에서 피프는 혼자 욕망을 좇을 때 방황했지만, 조·허버트·애스테라와 같은 인연 속에서 성장과 성숙을 경험한다. 디킨스는 타인과의 관계가 한 개인의 삶을 지탱하고 변화시키는 힘임을 드러냈다.

외로움과 고립은 부끄러운 것이 아니다. 누구나 겪는 자연스러운 감정이지만, 그것을 깰 수 있는 사람 역시 바로 자기 자신이다. 먼저 다가가는 용기, 도움을 요청하는 용기, 마음을 솔직히 나누는 용기, 이 세 가지가 모일 때 고립은 서서히 무너지고 관계는 다시 숨을 쉬기 시작한다. 외로움은 숙명이 아니라, 작은 용기를 통해 극복할 수 있는 삶의 과제다.

먼저 다가가는 힘 30 30 30

외로움을 줄이는 가장 빠른 방법은 누군가 다가와 주기를 기다리는 것이 아니라 내가 먼저 움직이는 것이다. 기다림 속에서 관계는 자라지 않는다.

짧은 인사, 따뜻한 미소, "괜찮으세요?"라는 한마디, 작은 도움의 손길 같은 사소한 행동이 관계의 문을 여는 열쇠다. 우리는 흔히 "상대가 먼저 연락해 주면 좋겠다"고 바라지만, 진짜 변화를 일으키는 사람은 늘 먼저 다가가는 쪽이다. 고립을 깨는 주인공은 결국 먼저 손을 내미는 사람이다.

"먼저 다가가기"는 거창한 노력이 아니다. 엘리베이터에서 이웃에게 말을 건네는 것, 오랫동안 연락이 끊긴 친구에게 짧은 메시지를 보내는 것, 동네에서 아는 얼굴을 보면 웃으며 손을 흔드는 것. 이런 작은 행동이 관계의 첫 단추가 되고, 반복될 때 습관이 되어 외로움의 벽을 허문다.

키에르케고르(Søren Kierkegaard)는 『사랑의 역사』에서 "사랑은 먼저 움직이는 자의 행위이다"라고 말했다. 관계 또한 마찬가지다. 새로운 연결은 기다림 속에서 오지 않고, 누군가가 먼저 손을 내밀 때 비로소 시작된다.

문학도 이를 보여 준다. 도스토옙스키(Fyodor Mikhailovich Dostoevsky)의 『백치』 속 미시킨 공작은 먼저 다가가 타인의 이야기를 들어주며 주변 사람들의 마음을 움직인다. 그의 주저 없는 친절은 때로는 세상과 어긋났지만, 동시에 사람들을 변화시키는 힘이 되었다.

먼저 다가가는 행위는 단순한 예절이 아니라, 타인의 삶을 새롭게 바꾸는 계기가 될 수 있다.

한 60대 남성의 이야기도 이를 잘 보여 준다. 친구가 병원에 입원했다는 소식을 듣자 그는 망설임 없이 병실로 달려갔다. 친구는 눈물을 글썽이며 말했다. "네가 첫 번째로 와 줘서 정말 힘이 났다." 그는 그 순간 깨달았다. 먼저 다가가는 일이 누군가의 삶에 이렇게 큰 힘이 될 수 있음을. 이후 그는 매달 잊고 지낸 지인에게 전화를 걸고, 동네 어르신에게 먼저 인사를 건네며, 모임에서는 누군가를 먼저 챙기는 역할을 자처했다.

이런 태도는 주변 사람들만 살리는 것이 아니다. 먼저 다가가는 순간, "나도 여전히 연결되어 있다"는 감각을 얻게 되고, 그 자체로 외로움이 줄어든다. 상대방의 기쁨은 나의 보람이 되고, 작은 대화는 하루를 따뜻하게 만든다. 심리학에서 말하는 '거울 효과(mirroring effect)' 처럼, 내가 먼저 손짓하고 미소 지을 때 상대도 무의식적으로 반응하며 관계의 문이 열린다.

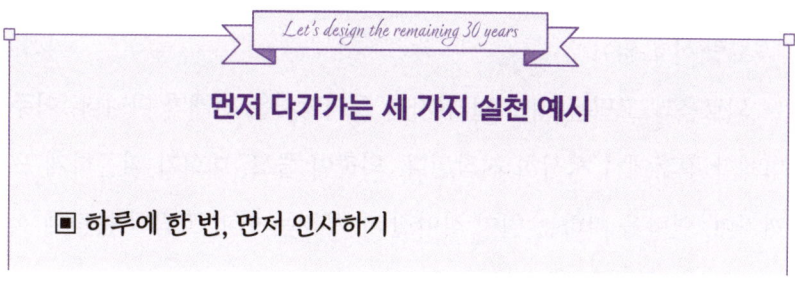

Let's design the remaining 30 years

먼저 다가가는 세 가지 실천 예시

■ 하루에 한 번, 먼저 인사하기

엘리베이터에서 만난 이웃, 길에서 스쳐 지나가는 사람에게 밝게 인사를 건네는 습관을 들인다. 짧은 인사 한마디가 상대의 마음을 열고, 나 또한 외로움의 벽을 허무는 출발점이 된다.

◼ 한 달에 한 번, 잊고 지낸 지인에게 연락하기

"문득 생각나서 연락했어"라는 짧은 메시지나 전화 한 통이면 충분하다. 먼저 다가가는 작은 신호가 끊어졌던 관계를 다시 이어 주고, 나 자신에게도 "나는 여전히 연결되어 있다"는 안도감을 준다.

◼ 모임에서 먼저 말 걸기

자리에서 조용히 기다리기보다, 새로운 사람이나 소외된 사람에게 먼저 말을 건네자. "요즘 어떻게 지내세요?"라는 질문, "함께 하실래요?"라는 초대가 모임을 따뜻하게 만드는 불씨가 된다.

고립 신호 읽기

외로움과 고립은 어느 날 갑자기 들이닥치는 번개가 아니다. 아주 미세한 징후에서 서서히 시작된다. 외출이 줄고, 대화가 피곤하게 느껴지며, 연락을 피하는 일이 잦아질 때 우리는 이미 고립의 문턱에 서 있을지 모른다. 그러나 이 신호를 알아차리지 못하면 어느새 깊은 고독 속에 갇히게 된다.

많은 사람들은 "나는 원래 혼자 있는 걸 좋아해"라며 합리화하지만, 사실 이는 관계망이 끊어지고 있다는 경고 신호일 수 있다. 사회학에서는 이를 '사회적 경보(social alarm)'라 부른다. 작은 신호를 무시하면 그것은 곧 우울감과 건강 악화로 이어진다.

고대 지혜도 같은 교훈을 전한다. 『논어』에서 공자는 "작은 것을 참지 못하면 큰 계획을 그르친다(小不忍則亂大謀)"라고 했다. 고립 역시 마찬가지다. 사소한 신호를 소홀히 하면 결국 삶 전체가 흔들리고, 민감하게 읽어내면 더 큰 무너짐을 막을 수 있다.

은퇴 후 집에만 머물던 60대 한 남성의 경험이 이를 보여 준다. 그는 지인 모임을 자꾸 미루고 가족과의 대화도 줄였다. 그러던 어느 날, 일기장이 한 달 가까이 비어 있음을 보고 깨달았다. "나는 점점 세상과 단절되고 있구나." 그제서야 고립 신호를 인식한 그는 매주 두 번 동네 복지관 프로그램에 참여하기로 결심했고, 그 습관이 삶을 다시 열어 주었다. 작은 신호를 알아차린 것이 회복의 출발점이었다.

영국에서는 고립 위험에 놓인 노인을 위해 '커피 모닝(coffee morning)' 제도를 운영한다. 지역 주민들이 주기적으로 모여 차와 빵을 나누며 안부를 확인하는데, 이 단순한 모임이 노인들의 우울감과 자살률을 크게 낮췄다.

고립은 누구에게나 찾아올 수 있다. 그러나 차이는 그것을 신호로 읽어내는가에 달려 있다. 무시하면 고립은 깊어지지만, 경고등으로 받아들이면 방향을 바꾸고 다시 관계 속으로 걸어 나올 수 있다.

작은 신호는 작은 조치로 막을 수 있다. 외출이 줄었다면 산책을 늘리고, 연락이 줄었다면 안부 전화를 걸고, 대화가 피곤하다면 짧은 대화부터 다시 시작하라. "작은 신호 → 작은 조치 → 큰 변화", 이것이 고립을 예방하고 삶을 되살리는 첫걸음이다.

고립 신호 자기평가 체크리스트

지난 2주간 나의 상태를 기준으로 해당 점수에 체크(v)한다. 0점(전혀 그렇지 않다), 1점(가끔 그렇다), 2점(자주 그렇다), 3점(거의 항상 그렇다)

문항	0점	1점	2점	3점
1. 집 밖에 나가는 횟수가 눈에 띄게 줄었다	☐	☐	☐	☐
2. 친구·가족의 전화를 자주 받지 않는다	☐	☐	☐	☐
3. 내가 먼저 연락하는 경우가 거의 없다	☐	☐	☐	☐
4. 모임·약속에 가기 귀찮아 취소하는 경우가 많다	☐	☐	☐	☐
5. 사람과 대화하는 것이 피곤하고 부담스럽다	☐	☐	☐	☐
6. 하루 대부분 TV·휴대폰·라디오로만 시간을 보낸다	☐	☐	☐	☐

7. 일상에서 즐겁거나 설레는 일이 잘 없다	☐	☐	☐	☐
8. 새로운 사람을 만나는 것이 두렵거나 꺼려진다	☐	☐	☐	☐
9. 집안일·식사 준비조차 귀찮아 자주 건너뛴다	☐	☐	☐	☐
10. 스스로 "나는 혼자다"라는 생각을 자주 한다	☐	☐	☐	☐

점수 해석 **총점 30점**

- 0~6점(안정): 고립 신호 거의 없음. 현재의 생활 패턴 유지
- 7~14점(주의): 고립 신호가 나타남. 작은 실천으로 관계 유지 필요
- 15~21점(위험): 고립 위험이 커짐. 적극적인 외출·모임 참여 필요
- 22~30점(심각): 이미 심각한 고립상태일 수 있음. 가족·지인·전문가 도움 요청 권장

나의 이야기 나누기

외로움은 침묵 속에서 자란다. 마음을 닫을수록 무게는 커지고, 결국 스스로를 고립시키는 족쇄가 된다. 그러나 이야기를 나누는 순간 그 무게는 나누어지고, 관계의 다리가 놓인다. 기쁨과 슬픔, 작은 고민과 희망을 전할 때, 상대와의 거리는 놀라울 만큼 짧아진다.

버지니아 울프(Virginia Woolf)는 "우리는 이야기를 나눔으로써 서로의 고독을 덜어낸다"고 말했다. 이는 단순한 위로가 아니라, 진솔한 나눔이 인간의 삶을 지탱하는 치유의 힘임을 보여 준다. 내가 이야기를

꺼내면 상대도 자신의 이야기를 열고, 그 과정에서 우리는 더 이상 혼자가 아님을 확인한다.

한 70대 은퇴자는 마을 도서관에서 열린 '이야기 나눔 모임'에 참여했다. 처음에는 듣기만 했지만, 어느 날 용기를 내어 젊은 시절의 가정사와 배운 교훈을 털어 놓았다. 뜻밖에도 이웃들이 깊이 공감하며 각자의 경험을 나누기 시작했고, 그는 깨달았다. "내 아픔이 누군가에게는 위로가 되고, 내 삶은 혼자가 아니었구나."

지역의 한 초등학교에서는 세대 간 대화를 위해 '할머니 이야기 수업'을 운영한다. 어르신들은 전쟁 시절의 기억, 농사일, 어린 시절의 풍습을 들려주었고, 아이들은 역사책보다 더 생생한 이야기에서 배움을 얻었다. 어르신들은 또한 "내 삶에도 여전히 의미가 있다"는 확신을 되찾았다. 이 작은 수업은 서로 다른 세대를 잇는 다리가 되었다.

일본 교토의 한 노인 복지센터에서는 '라이프스토리 북 프로젝트'를 진행한다. 어르신들이 자신의 삶을 글과 그림, 사진으로 기록해 책으로 엮고, 가족이나 이웃과 함께 읽는다. 이 과정을 통해 서로에 대한 이해와 존중이 확산되었다.

이야기를 나눈다는 것은 거창한 연설이 아니다. 짧은 하루의 에피소드, 소소한 감정, 오래된 추억을 꺼내는 것만으로 충분하다. 중요한 것은 화려함이 아니라 진심 어린 솔직함이다.

나의 이야기를 나누는 실천 팁 세 가지

■ **하루 한 가지 에피소드 나누기**
- 가족이나 친구와 통화할 때 오늘 있었던 일 중 하나를 꼭 이야기한다.

  ※ 예: "오늘 산책하다가 고양이를 봤어"
- 대화의 끈이 자연스럽게 이어지고, 일상의 작은 기쁨을 공유할 수 있다.

■ **감정을 숨기지 않고 표현하기**
- 힘들거나 기쁜 감정을 가볍게라도 솔직히 나눈다.

  ※ 예: "오늘 좀 외로웠어", "이 일 때문에 정말 기뻤어"
- 진심이 전해져 정서적 유대가 깊어진다.

■ **세대와 이야기 나누기**
- 손주·후배 등 다른 세대에게 과거 경험담이나 배운 교훈을 들려준다.
- 세대 간 공감이 생기고, 자신의 삶이 의미 있게 정리된다.

상대방의 이야기 들어주기

관계는 내가 말할 때만이 아니라, 상대의 이야기를 들을 때 더욱 깊어진다. 외로움이 침묵 속에서 자라듯이, 신뢰는 경청 속에서 자란다. 사람들은 자신의 이야기를 들어주는 존재가 있을 때 비로소 마음을 열고 삶의 무게를 덜어낸다.

심리학 연구에서도 경청은 단순한 기술이 아니라 상대의 존재를 인정하는 적극적 행위임이 드러난다. 칼 로저스(Carl R. Rogers)는 치료적 대화에서 '적극적 경청(active listening)'이 내담자의 마음을 열고 자기 이해를 돕는 가장 강력한 도구라고 했다. 듣는 사람이 판단이나 조언보다 먼저 진심으로 귀 기울일 때, 말하는 이는 "나는 존중받는다"는 확신을 얻게 된다.

문학도 이를 보여 준다. 헨리크 입센(Henrik Ibsen)의 『인형의 집』에서 노라는 진정한 대화를 원했지만, 남편 토르발드는 끝내 그녀의 이야기에 귀 기울이지 않았다. 경청의 부재는 결국 관계의 붕괴로 이어졌고, 노라는 집을 떠나는 선택을 했다. 이 장면은 경청이 단순한 예의가 아니라 관계를 지탱하는 핵심 조건임을 드러낸다.

역사적 전통에서도 같은 맥락을 찾을 수 있다. 공자는 제자들에게 가르침을 줄 때 끊임없이 질문하고 대답을 기다리며, 충분히 말할 수 있는 시간을 열어 두었다. 불교 전통의 '청문(聽聞)' 또한 깨달음의 출발로 여겨졌다. 듣는다는 것은 단순히 가만히 있는 것이 아니라, 상대의 마음을 함께 짊어지는 행위였던 것이다.

　오늘날에도 경청은 관계를 새롭게 한다. 한 지역 모임의 '경청의 밤'에서는 참석자들이 돌아가며 5분간 자신의 이야기를 하고, 나머지는 질문 없이 들어주었다. 처음엔 어색했지만 시간이 흐르자 "내 얘기를 끊지 않고 들어주는 경험이 큰 위로였다"는 고백이 이어졌다. 한 70대 남성은 말했다. "누군가 내 얘기를 처음부터 끝까지 들어준 게 몇십 년 만이었다."

　가정 안에서도 경청은 치유의 힘을 발휘한다. 경기도의 한 60대 여성은 은퇴 후 대화가 줄어든 남편과의 관계를 위해, 매일 저녁 남편의 하루를 조언하지 않고 끝까지 들어주기로 결심했다. 몇 주가 지나자 남편은 더 많은 이야기를 꺼냈고, 부부 관계는 눈에 띄게 가까워졌다. 말하지 않아도 되는 안전한 공간, 그러나 언제든 들어줄 귀가 있는 공간이 바로 관계의 힘이었다.

　타인의 이야기를 들어준다는 것은 단순히 침묵하는 것이 아니다. 질문을 던지고, 고개를 끄덕이며, 짧은 공감을 건네는 작은 반응들이 "당신은 혼자가 아니다"라는 확신을 전한다. 그 울림은 나에게도 되돌아와 관계를 따뜻하게 만든다.

공동체와 연결하기　　　　　　　　　　　30 30 30

　외로움은 개인의 마음속에서만 생기지 않는다. 관계망이 약해지고 사회적 안전망이 흔들릴 때 외로움은 더욱 깊어진다. 그래서 개인의 노력과 함께, 공동체와 연결되는 경험이 필요하다. 인간은 본래 사회적 존재이기에, 작은 모임과 지역 공동체 안에서 지지와 활력을 얻게 된다.

사회학자 레이 올든버그(Raymond Alden Oldenburg)는 '제3의 장소(Third Place)' 개념을 통해 공동체의 힘을 설명했다. 집(제1의 장소)과 직장(제2의 장소) 사이에 존재하는 카페, 공원, 마을 모임 같은 비공식적 공간이 사람들이 편안히 모여 대화하고 연결되는 기반이라는 것이다. 그는 이러한 제3의 장소가 약화될수록 고립이 커지고, 반대로 활성화될수록 사회적 유대와 삶의 만족도가 높아진다고 보았다. 즉, 공동체는 단순한 여가가 아니라 외로움을 막고 삶을 지탱하는 중요한 토대이다.

역사적으로도 공동체는 외로움의 해독제였다. 고대 그리스의 시민들은 광장에서 함께 토론하며 정치적 삶을 나누었고, 한국 전통사회에서는 두레·계·향약 같은 협력 조직이 서로의 삶을 지탱했다. 개인 혼자서는 버티기 어려운 외로움도 공동체의 품 안에서는 훨씬 가볍게 다가왔다.

현대 사례 역시 풍부하다. 한 아파트 단지에서는 '공동 정원(community garden)'을 운영해, 주민들이 함께 화단과 텃밭을 가꾸며 고립된 노인들과 자연스럽게 교류한다. 영국의 '멘즈 셰드(Men's

Shed' 운동은 은퇴 남성들이 목공·정원 가꾸기 같은 활동을 함께하며 고립을 극복하는 대표적 모델이다. 호주의 한 지역에서는 주민 걷기 모임이 매주 같은 시간 열리는데, 이 단순한 활동이 노인 우울증을 예방하고 삶의 만족도를 높였다는 연구도 있다.

심리학적으로도 공동체 참여는 회복탄력성(resilience)을 높인다. 혼자서는 감당하기 힘든 문제라도, 함께 걷고, 함께 노래하고, 함께 봉사하는 과정 속에서 "나는 혼자가 아니다"라는 확신이 생긴다. 공동체는 나를 지탱해 주는 울타리이자, 다시 세상으로 나아가게 하는 발판이다.

따라서 고립을 깨는 또 하나의 길은 작은 공동체와 연결되는 것이다. 교회, 마을 모임, 자원봉사단체, 취미 동호회 등은 형식은 달라도 본질은 같다. 나의 외로움을 녹이는 힘은 결국 '우리' 속에서 나온다.

외로움과 고립을 깨는 용기 실천 워크시트

체크	실천 항목	메모/기록
☐	• 먼저 다가가는 힘 - 먼저 인사하거나 연락을 시도했다	오늘 다가간 대상/상황:

☐	• 고립 신호를 알아차리기 - 외출·연락·생활 습관에서 고립 징후를 점검했다	내가 발견한 신호: _____
☐	• 나의 이야기 나누기 - 오늘의 기쁨, 슬픔, 고민 중 하나를 누군가와 나누었다	나눈 이야기/대상: _____
☐	• 타인의 이야기 들어주기 - 상대의 말을 끊지 않고 끝까지 들어주었다	들은 이야기/느낀 점: _____
☐	• 공동체와 연결하기 - 모임·동호회·봉사 등 공동체 활동에 참여했다	참여한 활동/경험: _____

활용 방법

- 매일 혹은 매주 이 다섯 항목을 점검하며, 내가 외로움과 고립을 줄이는 실천을 하고 있는지 확인한다.
- 각 칸에 짧게라도 기록을 남기면, 반복되는 실천이 습관으로 굳어진다.

제7장

나이 들어도 멈추지 않는 도전

Let's design the remaining 30 years

나이는 숫자, 가능성은 무한

나이는 흔히 인생의 한계를 규정하는 잣대처럼 여겨진다. 그러나 자세히 들여다보면, 그것은 단지 숫자일 뿐이다. 어떤 이에게 나이란 달력 위에서 지워져 가는 날짜일 수 있지만, 다른 이에게는 새로운 가능성을 열어 주는 출발선이다.

한 60대 여성은 평생 '바쁘다'는 이유로 배우지 못했던 피아노를 은퇴 후 시작했다. 처음에는 서툰 손놀림이었지만, 매일 30분씩 꾸준히 연습한 끝에 3년 만에 동네 음악회 무대에 섰다. 그녀는 말했다. "젊을 때는 용기가 없었지만, 지금은 오히려 나이가 나를 더 담대하게 한다." 숫자는 그녀를 막지 않았고, 경험과 여유가 오히려 배움의 원동력이 되었다.

70대 한 농부는 은퇴 후 고향에서 버려진 밭을 개간해 '주말 농장 체험 프로그램'을 열었다. 지역 주민뿐만 아니라 도시에서 온 젊은 세대가 찾아와 함께 땀을 흘리고 수확을 나누었다. 나이는 제약이 아니라, 세대를 잇는 새로운 기회가 된 것이다.

영국의 다프니 셀프(Daphne Selfe)는 60세 이후 모델 활동을 시작해, 80대가 넘은 나이에도 세계 패션 무대에 섰다. 그녀는 말한다. "나이는 장벽이 아니라, 자신을 더 빛나게 하는 배경이다." 늦었다고 포기하는 대신, 나이 속에서 새로운 가능성을 찾는 태도가 필요하다.

세월은 약점이 아니라 자산이다. 젊은 날의 시행착오, 오랜 세월 몸과 마음으로 쌓아온 경험, 삶 속에서 길러진 통찰은 다른 누구도 흉내 낼 수 없는 경쟁력이다. 여전히 해보고 싶은 일은 끝없이 남아 있고, 그 도전을 시작하기에 결코 늦지 않다.

중요한 것은 나이의 많고 적음이 아니라, 그 나이를 어떻게 활용하느냐이다. 스스로 가능성을 닫아버리면 삶은 단조로워지지만, 열린 태도로 도전을 이어간다면 인생은 나이에 상관없이 계속 확장된다.

끝이 아닌 새 출발

노년은 인생의 완결점이 아니라, 또 하나의 출발선이다. 흔히 은퇴를 종착역처럼 여기며 "이제 다 끝났다"는 마음으로 안주하지만, 삶은 직업의 끝에서 멈추지 않는다. 그 순간부터는 제약이 아닌 기회의 시간이 열리며, 더 깊은 자기 선택과 성숙한 도전이 가능하다.

젊은 날에는 생계를 위해 어쩔 수 없이 해야 할 일이 많았다면, 이제는 하고 싶은 일을 선택할 여유가 주어진다. 따라서 노년은 "마무리의 시기"가 아니라 "두 번째 성장의 시기"가 된다. 중요한 것은 숫자가 아니라 태도다. 예순이든, 일흔이든, 여든이든 지금부터 배우고, 시도하며, 경험하는 일은 언제든 가능하다.

70대 여성은 예순을 넘겨서야 평생의 꿈이던 서예를 다시 붙잡았다. 처음 붓을 쥐었을 때는 손끝이 서툴렀지만, 새벽마다 한 장씩 써 내려간 시간이 쌓여 결국 한국서예대전에서 입상하는 성과를 이루었다. 그녀는 고백했다. "그동안은 생계를 이유로 늘 시간이 없다고만 했지요. 그런데 지금은 하루하루가 선물처럼 다가옵니다."

또 다른 지역에서는 70대 남성과 여성들이 모여 '실버 연극단'을 만들었다. 무대 경험이 전혀 없던 이들이었지만, 매주 모여 대사를 익히고 공연을 준비했다. 첫 무대는 주민센터였지만 입소문을 타고 다른 지역으로까지 초청을 받았다. 이들은 말했다. "무대 위에 서면 청춘이 돌아옵니다." 취미를 넘어 삶의 리듬과 활력을 되찾은 것이다.

리튬이온배터리 개발의 공로로 2019년 97세에 노벨 화학상을 받은 존 B. 굿이너프(John B. Goodenough) 교수는 90대에도 연구실을 지키며 새로운 소재를 탐구했다. 그의 삶은 노년이 쇠퇴의 시기가 아니라, 끝없는 탐구와 창조의 황금기가 될 수 있음을 증명한다.

역사를 돌아봐도 노년은 늘 새로운 시작의 장이었다. 토머스 에디슨(Thomas Alva Edison)은 70대에도 발명을 멈추지 않았고, 일본의 화가 가쓰시카 호쿠사이(葛飾 北斎)는 여든이 넘어 "이제야 그림을 조금 알겠다"라며 붓을 놓지 않았다. 그들의 삶은 노년이 마침표가 아니라, 사유와 창조가 무르익는 시기임을 보여 준다.

이처럼 노년은 정지 신호가 아니라 출발 신호가 될 수 있다. 멈춤이라고 규정하는 순간 삶은 닫히지만, 새로운 출발로 받아들이는 순간 무궁무진한 가능성이 열린다. 결국 중요한 것은 나이가 아니라 "다시 시작할 용기와 끊임없는 시도"다. 그 답을 찾는 순간, 노년은 더 이상 마무리가 아니라, 가장 나다운 인생이 펼쳐지는 새로운 장이 된다.

오늘부터 시작하는 노년의 새 출발 실천 워크시트

분야	오늘 할 수 있는 작은 실천	체크(✓)
배움	온라인 무료 강좌 하나 찾아보기	☐
	새로운 단어 하나 외우기	☐
	가족·친구에게 오늘 배운 것 한 가지 말하기	☐
예술	문화센터·동호회 검색/등록하기	☐
	종이에 글이나 그림 한 장 그리기	☐
	가족에게 직접 만든 작품 선물하기	☐

여행	이번 주말 근교 여행 계획하기	☐
	동네 시장·골목 산책하며 새 풍경 찾기	☐
	버킷리스트에 가고 싶은 곳 3곳 적기	☐
운동	오늘 3천 보 걷기 실천	☐
	아침 스트레칭 5분 하기	☐
	운동할 친구 한 명 정해 약속 잡기	☐
봉사	이웃에게 안부 전화 한 통 하기	☐
	도서관·복지관 봉사 프로그램 검색하기	☐
	내 특기를 정리해 나눔 방법 찾기	☐

경험의 경쟁력　　　　　30 30 30

나이가 든다는 것은 곧 경쟁력을 잃는다는 뜻이 아니다. 몸은 예전만큼 빠르지 않을 수 있고, 새로운 것을 익히는 속도도 느려질 수 있다. 그러나 세월이 선물한 경험은 그 어떤 체력보다 강력한 무기다. 경험은 단순한 과거의 기록이 아니라, 위기와 실패 속에서 길러진 살아 있는 지혜다.

　수십 년간 쌓아온 경험은 위기를 극복한 노하우와 상황을 꿰뚫는 안목으로 남는다. 갑작스러운 문제에도 당황하기보다 "이럴 땐 이렇게 풀면 된다"는 실전 감각이 몸에 배어 있다. 다양한 사람과 부딪히며 길러진 통찰은 상대의 진심을 단번에 읽게 하고, 실패 속에서 다져진 태도는 흔들리지 않는 중심을 만든다. 이러한 자산은 젊은 세대가 단기간에 얻을 수 없는 귀중한 경쟁력이다.

경험은 새로운 도전을 시작할 때 실패의 비용을 줄여준다. 초심자는 같은 실수를 반복하기 쉽지만, 경험 많은 이는 길목마다 숨어 있는 함정을 미리 알고 있다. 그래서 더 효율적이고 안전하게 목표에 도달할 수 있고, 그 경험은 공동체 전체의 지혜로 확장된다.

한 전직 교사는 은퇴 후 지역 청소년 상담센터에서 멘토로 활동한다. 교직 시절 수많은 상담 경험 덕분에, 그는 단순한 조언을 넘어 아이들의 말 뒤에 숨은 고민을 빠르게 읽어낸다. 상담을 받던 한 학생은 말했다. "선생님은 제가 말하지 않은 것도 이해해 주셨어요." 그의 경험은 한 세대의 성장을 지탱하는 경쟁력이 되었다.

70대 한 어부는 평생의 바다 경험을 살려 귀어·귀촌 청년들을 지도한다. 조류, 계절에 따른 어종 변화, 날씨 신호를 읽는 감각은 책으로 배울 수 없는 지혜다. 젊은 귀어인들은 "어르신의 한마디가 수십 번의 시행착오를 줄여준다"고 말한다. 이처럼 경험은 개인의 무기를 넘어, 공동체 전체의 배움을 지탱하는 기반이 된다.

일본의 다나카 시게루(田中 角栄)는 60대 퇴직 후 지역 전통 목공 기술을 젊은 세대에 전수해 지역 산업을 되살린 장본인으로 알려져 있다. 그의 손끝에서 이어진 기술은 단순한 공예품이 아니라, 세대를 잇는 문화적 자산이 되었다.

역사를 보아도 경험은 경쟁력이었다. 송나라의 주희(朱熹)는 노년에 이르러 성리학을 집대성했는데, 이는 오랜 시행착오와 논쟁의 경험에서 비롯되었다. 사회학자 부르디외(Pierre Bourdieu) 역시 노인의 경험자본을 물질적 자산 못지않게 중요한 사회·문화적 자본으로 설명하며, 개인의 지혜가 공동체 지속성을 높인다고 보았다.

오늘날 기업들도 '시니어 자문위원단'을 두어 위기관리와 신제품 개발과정에서 노인의 경험을 활용한다. 경험은 개인의 자산을 넘어 조직과 사회의 혁신을 이끄는 자원이 될 수 있다.

결국 나이가 든다는 것은 단순히 체력이 줄어드는 과정이 아니다. 세월이 쌓아 올린 데이터베이스가 몸과 마음에 저장된 상태며, 이는 새로운 세대를 위한 살아 있는 교과서가 된다. 체력의 한계를 경험이 보완하고, 경험은 다시 도전의 발판이 된다. 그래서 노년은 약해지는 시기가 아니라, 더 현명하게 강해지는 시기이다. 나이는 줄어드는 것이 아니라, 세월이 남긴 경쟁력이 더해지는 과정이다.

Let's design the remaining 30 years

경험이 주는 세 가지 경쟁력

경쟁력	설명	사례	기대 효과
안목	수많은 상황을 겪으며 길러진 사람과 문제를 보는 눈. 겉모습보다 본질을 꿰뚫어 보는 능력	회계사 출신인 60대 남성은 고객의 재정 문제를 몇 가지 질문만으로 핵심 파악	빠른 문제 진단, 불필요한 시행착오 감소
지혜	위기 극복과 실패 경험에서 얻은 삶의 통찰. "이럴 땐 이렇게"라는 노하우	은퇴 후 컨설팅으로 후배들에게 전략 조언	불확실한 상황에서 흔들리지 않는 중심 제공
기술	오랜 세월 몸으로 익힌 손끝의 감각과 숙련된 실력	50년간 도자기를 빚은 장인이 보여 주는 섬세한 손 감각	세대가 쉽게 따라할 수 없는 숙련도, 문화·기술 전수

"할 수 있다"는 믿음

가능성을 가로막는 것은 나이가 아니라 마음의 태도다. 나이는 단지 달력 위의 숫자일 뿐, 능력과 기회의 한계를 정하는 기준은 아니다. 그러나 많은 이들은 "이제는 무리할 수 없다"는 생각에 스스로 가능성의 문을 닫아버린다. 몸보다 먼저 마음이 늙는 것이다. 반대로 "할 수 있다"는 믿음을 품는 순간, 닫힌 길은 다시 열린다.

물론 신체적 조건은 예전만큼 빠르지 않을 수 있다. 그러나 노년에는 젊은 시절에 없던 끈기와 집중력이 있다. 수많은 실패와 좌절을 견뎌온 경험은 작은 어려움에도 쉽게 흔들리지 않게 만든다. 도전의 본질은 체력이나 속도가 아니라 태도이며, 자기 확신은 나이를 넘어서는 가장 강력한 자원이다.

이 믿음은 단순한 위로가 아니라 현실을 바꾸는 힘이다. 심리학 연구에 따르면 긍정적인 자기 확신을 가진 노년층은 신체 회복 속도가 빠를 뿐만 아니라, 사회적 관계에도 더 적극적으로 참여해 삶의 만족도가 높아진다. 믿음은 심리적 태도를 넘어 실제 행동 변화를 촉발하는 동력이다.

한 70대 여성은 은퇴 후 첼로를 배우기 시작했다. 처음에는 활을 잡는 것조차 어려웠지만, 매일 20분씩 연습한 끝에 5년 만에 교회 무대에서 연주를 하게 되었다. 그녀는 "음악은 내 노년을 다시 살아 움직이게 한 선물"이라고 말했다. 나이가 아니라 믿음이 가능성을 연 열쇠였다.

또 다른 사례로, 60대 후반 한 농부는 디지털 기기를 배우기 시작했다. 그는 스마트폰으로 농작물 생육을 기록하고, 온라인 직거래 플랫폼을 통해 소비자와 직접 연결하며 수익을 두 배로 늘렸다. "손이 느려도 배울 수 있다는 믿음이 내 삶을 바꿨다"는 그의 말은 자기 확신이 어떻게 현실 변화를 만드는지 보여 준다.

프랑스 조각가 루이즈 부르주아(Louise Bourgeois)는 70세가 넘어 세계적인 주목을 받았다. 평생 쌓아온 고민이 노년의 시간 속에서 꽃을 피운 것이다. 한국의 작가 박완서 또한 후기 소설들을 통해 "여전히 할 수 있다"는 믿음이 어떻게 새로운 창작으로 이어지는지 보여 주었다.

결국 메시지는 분명하다. "나는 할 수 있다"는 자기 확신이 행동을 낳고, 행동은 성취와 변화를 만든다. 노년의 도전은 거창할 필요가 없다. 새로운 언어 한 마디를 배우거나, 걷기 시간을 10분 늘리거나, 미뤄두었던 취미를 시작하는 작은 실천만으로도 충분하다. 이 작은 선택이 모여 삶 전체를 새롭게 밝히는 불씨가 된다.

Let's design the remaining 30 years

믿음을 키우는 세 가지 방법

방법	구체적 실천	기대 효과
작은 성공 경험	큰 목표 대신 매일 실천 가능한 작은 도전 설정(예: 하루 10분 걷기, 짧은 글쓰기, 새로운 단어 외우기)	"나는 할 수 있다"는 확신이 쌓이며, 점차 더 큰 도전에 나설 힘이 생김

긍정 언어 사용	스스로에게 "나는 아직 할 수 있다", "시작하기에 늦지 않았다" 같은 긍정 문장을 반복	자기 인식이 바뀌고, 행동에 앞서 두려움을 줄임
롤모델 찾기	나이 들어서도 도전하는 사람의 사례를 찾아 배우기(책, 강연, 주변 인물)	가능성에 대한 상상력이 확장되고, 구체적 영감을 얻음

Let's design the remaining 30 years

배움과 창조의 기회

나이가 든다는 것은 멈춤이 아니다. 노년은 단절이 아니라, 지금까지의 경험을 새로운 방식으로 재구성할 수 있는 전환점이다. 젊은 시절 일과 책임에 묶여 미처 펼치지 못했던 관심과 열망이, 이제는 경험과 여유를 바탕으로 다시 꽃필 수 있다.

배움의 장은 여전히 넓게 열려 있다. 평생학습관, 지역 대학, 동호회와 같은 오프라인 학습은 단순한 지식 습득을 넘어 시야를 넓히고 삶에 활력을 더하는 원천이다. 70대 한 남성은 평생 법조인으로 일하다 은퇴 후 철학 강좌를 수강했다. 꾸준히 배우던 그는 지역 도서관에서 인문학 강연을 열며 청년들과 토론하는 자리에 서게 되었다. 배움은 그에게 개인적 충족을 넘어, 세대 간 대화를 이어주는 다리가 되었다.

디지털 시대는 또 다른 통로를 제공한다. 60대 한 여성은 은퇴 후 요리를 체계적으로 배우고, 이를 정리해 온라인 채널에 '가족의 밥상'이라는 주제로 공유했다. 지금은 지역 청소년들을 대상으로 전통 음식 교육 프로그램을 운영하며, 온라인 학습이 사회적 기여로 확장되는 길을 보여 주고 있다.

창업과 재도전 역시 노년의 선택지이다. 경험을 자산 삼아 작은 가게를 열거나, 지역의 필요에 맞춘 사회적 기업을 세우는 사례가 늘고 있다. 실패의 경험조차 위험을 줄여주는 지혜로운 자본이 된다.

노년의 배움은 곧 창의적 표현으로 이어진다. 글쓰기는 자전적 기록이 되고, 음악은 합창 무대로 확장되며, 수공예는 지역 축제의 전시품이 된다. 창조적 활동은 개인에게 성취감을, 사회에는 나눌 수 있는 문화적 자산을 남긴다.

결국 인생의 후반부는 소극적 소비의 시간이 아니다. 그것은 배우고, 창조하고, 다시 나누는 무대다. 중요한 것은 "지금 이 순간 무엇을 새롭게 배우고, 어떻게 표현할 것인가"라는 질문이다. 그 질문에 답하는 순간, 노년은 정체가 아니라 무한한 가능성이 열리는 시간으로 바뀐다.

오프라인과 공동체 학습

배움은 결코 젊은 시절에만 주어진 특권이 아니다. 교실, 서당, 도서관, 문화센터 같은 오프라인 공간은 노년의 학습을 다시 살아 있게 만드는 무대다. 새로운 언어를 익히고, 책을 펼치며, 낯선 기술을 배우는 일은 단순한 지식 축적이 아니라 삶의 지평을 넓히는 행위다.

노년기의 학습은 단순히 "몰랐던 것을 아는 것"에서 멈추지 않는다. 대면 강좌와 모임은 사람을 이어주고, 세대 간의 거리를 좁히며, 지역 공동체를 새롭게 살린다. "나는 여전히 성장할 수 있다"는 감각이야말로 나이 든 삶에 활력을 불어넣는 힘이다.

연구에 따르면 새로운 학습은 신경세포 간 연결을 강화하고 치매 예방에도 효과적이다. 특히 오프라인 학습은 얼굴을 맞대는 대화와 손의 감각 활동이 결합되기 때문에, 뇌와 신체를 동시에 자극한다. 악기를 익히거나 글을 쓰고, 공동체 활동에 참여하는 작은 시도조차 생기를 불어넣는다.

한 60대 여성은 은퇴 후 도자기를 배우기 시작했다. 서툴렀던 손길은 시간이 지나 작품으로 완성되었고, 지금은 지역 공방에서 강사로 활동하며 젊은 세대와 어깨를 나란히 하고 있다. 그녀에게 배움은 단순한 취미가 아니라 새로운 직업적 정체성을 여는 열쇠가 되었다.

70대 한 남성은 퇴직 후 사진을 배우며 마을의 기록자가 되었다. 자연 풍경과 주민들의 일상을 담은 그의 작품은 몇 년 뒤 사진전으로 이어졌고, 취미를 넘어 공동체의 기억을 보존하는 문화 자산이 되었다.

역사 속에서도 평생학습의 가치는 분명하다. 소크라테스는 "배움은 죽는 순간까지 이어져야 한다"고 했으며, 레오나르도 다 빈치 (Leonardo da Vinci,)는 여든 가까운 나이에도 발명 구상을 멈추지 않았다. 조선 후기 정약용은 노년에 방대한 저술을 남기며 학문의 지평을 확장했다. 그들의 배움은 개인의 충족을 넘어 시대와 공동체를 새롭게 비춘 자산이었다.

결국 전통적 학습은 뇌를 젊게 하고, 마음을 설레게 하며, 관계와 공동체를 넓힌다. 중요한 것은 "오늘이 가장 빠른 시작"이라는 믿음이다. 그 한 걸음이 인생 후반부를 넓고 깊게 여는 열쇠가 된다.

Let's design the remaining 30 years

평생학습이 주는 세 가지 효과

효과	설명	사례	기대 결과
뇌 건강	새로운 지식과 기술을 배우는 과정은 뇌세포 간 연결을 강화하고 치매 예방에 도움	70대 노인 - 외국어 학습 후 기억력·집중력 향상	인지 기능 유지, 정신적 활력 증진
자기 성장	배움은 나이에 상관없이 자신을 확장하게 하고, 성취감을 제공	70대 여성 - 영상 편집을 배워 '할머니 브이로그' 운영	성취감, 자존감 향상, 인생 후반부의 의미 회복

사회적 연결	학습 모임이나 강좌는 세대와 세대를 이어주고, 새로운 관계 형성	74세 남성 - 대학 공개강좌 수강, 젊은 학생들과 토론	외로움 완화, 세대 간 소통, 사회적 고립 예방

디지털 시대의 배움

노년기의 학습은 더 이상 교실이나 강좌실에만 머물지 않는다. 인터넷과 AI 기술은 시공간의 장벽을 넘어, 누구에게나 새로운 배움의 창을 연다. 유튜브 강의, 온라인 대학(MOOC), 줌을 통한 평생교육 강좌는 노인이 집에서도 세계적인 교수의 강의를 듣고, 젊은 세대와 같은 자료를 접할 수 있게 한다.

힌 60대 중반 여성은 팬데믹 시기에 스마트폰으로 온라인 그림 강좌를 시작했다. 몇 년 뒤 그녀는 SNS에 작품을 공유하며 온라인 전시회를 열었고, 배움이 곧 창작과 소통의 장으로 확장되는 경험을 했다.

AI 기술은 특히 노년의 학습을 돕는 새로운 도구다. 번역기는 외국 서적의 장벽을 낮추고, AI 튜터는 언어·수학·음악 학습을 맞춤형으로 안내한다. 70대 한 남성은 은퇴 후 영어 회화를 위해 AI 앱을 활용했는데, 매일 30분 대화 연습 끝에 해외 손주와 자유롭게 소통할 수 있게 되었다. 그는 "기계가 아니라 내 곁의 선생님 같다"고 말했다.

또한 온라인 플랫폼은 배움의 결과를 곧바로 사회적 활동으로 연결한다. 한 60대 남성은 유튜브에 지역 방언과 전통 민요를 기록해 올리며, 디지털을 통해 문화유산을 후대에 전하는 역할을 하고 있다. 디지털 학습은 개인의 취미를 넘어, 세대와 지역을 잇는 다리로 확장된다.

물론 과제도 있다. 기기 사용에 서툴 수 있고, 정보 격차는 여전히 존재하며, 화면 중심 학습은 대면 교류의 온기를 대신할 수 없다. 그러나 전통적 학습과 디지털 학습이 서로를 보완한다면, 노년기의 배움은 이전보다 훨씬 풍성하고 다층적으로 확장될 수 있다.

결국 디지털 시대의 배움은 단순한 편의가 아니다. 그것은 노년이 세상과 연결되고, 세대 간의 거리를 좁히며, 스스로 삶의 주체로 설 수 있도록 돕는 통로다. 중요한 것은 나이가 아니라, "배움의 방식은 달라져도 배움의 본질은 멈추지 않는다"는 믿음이다.

창업과 재도전

많은 사람들은 나이가 들면 새로운 일을 시작하기 어렵다고 생각한다. 체력이 예전 같지 않고, 변화하는 시장에 뒤처질까 두렵기 때문이다. 그러나 노년기의 창업은 위험이 아니라 오히려 기회가 될 수 있다. 오랜 세월 쌓아온 경력과 인간관계, 그리고 삶의 지혜는 젊은 세대가 단기간에 얻기 힘든 든든한 자산이 된다.

노년 창업의 강점은 바로 안정된 시각과 균형감에 있다. 젊은 시절에는 성급한 목표나 과도한 모험으로 쉽게 좌절할 수 있었지만, 노년에는 이미 수많은 부침을 경험했기에 한층 담대해진다. "잘 되면 좋고, 그렇지 않더라도 배움으로 남는다"는 태도는 위험을 줄이고, 지속 가능한 선택을 가능하게 한다. 실패조차도 두려움이 아니라, 다음 도전을 위한 자산으로 전환된다.

70대 부부는 퇴직 후 작은 카페를 열었다. "이 나이에 장사를 시작해도 될까?"라는 두려움이 있었지만, 손님과 커피를 나누며 대화하는 시간이 삶의 새로운 보람이 되었다. 가게 문을 여는 일상은 활력이 되었고, 카페는 단순한 생계 수단이 아니라 세상과 연결되는 창구가 되었다.

60대 한 여성은 교직에서 은퇴한 뒤 평생 즐겨온 꽃꽂이를 살려 작은 플라워 스튜디오를 열었다. 처음에는 시민 중심의 소규모 수업으로 시작했지만, 입소문이 퍼지면서 지금은 지역 문화센터와 연계해 정기 강좌를 운영하고 있다. 그녀에게 창업은 단순한 소득 수단이 아니라, 오래된 취미가 새로운 직업적 정체성으로 전환된 사례였다.

노년 창업은 다양한 방식으로 전개된다. 어떤 이는 다년간의 직장 경험을 살려 작은 컨설팅 회사를 차리고, 또 다른 이는 손맛을 살려 반찬가게를 연다. 누군가는 자신이 사는 마을에 게스트하우스를 운영하며 여행자들과 교류하고, 또 다른 이는 전통 공예를 현대적 디자인과

결합해 새로운 브랜드를 만든다. 최근에는 온라인 플랫폼과 AI 기술을 활용해 1인 출판, 전자상거래, 맞춤형 교육 서비스를 시작하는 시니어들도 늘고 있다. 디지털은 노년 창업의 문턱을 낮추고, 시장을 더 넓은 세계와 연결해 준다.

사회학적으로 노년기의 창업은 '제2의 사회화 과정'이라 할 수 있다. 직업 세계에서 물러난 이후에도 새로운 사회적 역할을 찾게 하며, 이는 사회적 자본과 관계망을 다시 활성화한다. 지역 단위의 소규모 창업은 개인의 성취를 넘어, 공동체 경제를 순환시키고 세대 간 협력을 촉진하는 사회적 효과를 낳는다. 역사적으로도 동아시아의 장인들은 은퇴 후에도 제자 교육과 소규모 상업 활동을 이어가며 공동체의 문화와 기술을 계승했다.

결국 노년의 창업은 단순한 경제 활동을 넘어, 삶의 의미를 재발견하고 공동체와 다시 연결되는 과정이다. 중요한 것은 대규모 기업을 세우는 것이 아니라, 자신의 강점과 경험을 살린 작은 시도를 사회와 공유하는 것이다. 그 작은 도전이야말로 삶을 다시 설레게 하고, 새로운 가능성을 여는 시작점이 된다.

Let's design the remaining 30 years

노년 창업의 세 가지 장점

장점	설명	사례	기대 효과
경험	오랜 직장 생활, 위기 극복, 문제 해결 노하우는 젊은 창업자가 쉽게 가질 수 없는 무기	70대 전직 기술자 - 은퇴 후 목공 방을 열어 청년들과 협업	시행착오 감소, 전문성 기반의 차별화
인맥	사회생활 동안 쌓은 인맥과 인간관계는 초기 고객, 협업 파트너, 조언자로 연결됨	70세 남성 - 전통 수공예 온라인 판매, 지역 청년 네트워크와 협력	초기 시장 진입 용이, 신뢰 기반의 사업 확장
균형감	성급한 욕심보다 안정적 운영, 실패를 경험 삼아 여유 있게 접근 가능	70대 부부 - 카페 운영, 손님과의 대화를 삶의 즐거움으로 삼음	안정적 성장, 삶의 보람과 경제적 자립 동시 충족

노년 창업 준비 체크리스트

점검 항목	구체적 질문	내 준비 상태 (예/아니오/모름)
1. 경험 점검	내가 가장 자신 있고, 꾸준히 해온 경험이나 전문성은 있는가?	☐ 예 ☐ 아니오 ☐ 모름

2. 좋아하는 일	단순한 돈벌이가 아니라, 즐기면서 오래할 수 있는 일인가?	☐ 예 ☐ 아니오 ☐ 모름	
3. 건강 상태	창업을 지속할 수 있는 기본 체력과 생활 리듬이 마련되어 있는가?	☐ 예 ☐ 아니오 ☐ 모름	
4. 자금 계획	초기 비용과 생활 자금(생활비·비상금)을 구분해 마련했는가?	☐ 예 ☐ 아니오 ☐ 모름	
5. 시장 조사	내 아이템이 실제로 필요한 수요가 있는지 확인했는가?	☐ 예 ☐ 아니오 ☐ 모름	
6. 인맥 활용	나의 경력과 인간관계(전문가, 지인, 지역사회)를 연결할 수 있는가?	☐ 예 ☐ 아니오 ☐ 모름	
7. 협력 가능성	젊은 세대나 다른 사람과 협력할 준비가 되어 있는가?	☐ 예 ☐ 아니오 ☐ 모름	
8. 실패 대비	사업이 기대만큼 잘 되지 않을 경우, 배움과 경험으로 전환할 마음의 준비가 되어 있는가?	☐ 예 ☐ 아니오 ☐ 모름	
9. 생활 균형	창업이 내 삶의 즐거움과 관계 유지에 방해되지 않고, 균형을 만들어 줄 수 있는가?	☐ 예 ☐ 아니오 ☐ 모름	
10. 나만의 의미	이 창업이 단순한 경제 활동을 넘어, 내 인생의 의미와 보람을 더해줄 수 있는가?	☐ 예 ☐ 아니오 ☐ 모름	

① "예"가 많을 때(7개 이상)
- 이미 창업을 시작할 수 있는 기초 체력과 자원이 충분히 마련된 상태임.

- 다만 "아니오/모름" 항목이 나온 부분은 창업 초기에 반드시 보완해야 할 리스크 영역임.

② "예"와 "아니오/모름"이 반반일 때(4~6개 정도)
- 준비가 어느 정도 되어 있지만, 구체적인 실행으로 옮기기엔 아직 불안정함.
- 특히 "아니오"가 나온 항목은 바로 실행을 가로막을 가능성이 크므로, 그 부분을 집중 점검해야 함.
- 예를 들어 자금 계획이 "아니오"라면, 창업 아이디어보다 먼저 재정 안정부터 확보하는 것이 우선 과제임.

③ "아니오/모름"이 많을 때(7개 이상)
- 아직 창업을 당장 시작하기보다는, 준비 단계로 보는 것이 안전함.
- 이 경우에는 체크리스트를 통해 드러난 "빈칸"을 보완하기 위한 학습, 경험 축적, 멘토링이 먼저 필요함.
- 예를 들어 건강과 생활 균형 항목이 부족하다면, 창업보다 생활 습관 정비를 우선시해야 함.

④ 특정 영역이 집중적으로 약할 때
- 예를 들어 "시장 조사, 인맥 활용, 협력 가능성" 같은 외부 자원 관련 항목이 모두 부족하다면 혼자만의 아이디어 수준에 머물러 있으므로, 네트워크 확장과 멘토링 연결이 필요함.
- 가령 "건강 상태, 생활 균형"이 모두 부족하다면 창업보다 먼저 자기관리가 선행되어야 함.

창의적 기록과 표현

나이가 들어도 창의성은 사라지지 않는다. 오히려 세월이 더해지며 인생의 굴곡과 희로애락이 응축될수록, 표현은 더 깊고 진솔해진다. 젊은 시절의 창작이 실험과 모험이었다면, 노년기의 창작은 성찰과 감정의 집약체가 된다.

창의적 표현은 단순한 예술 활동이 아니다. 그것은 자기 자신을 발견하고 정리하는 과정이며 동시에 마음을 치유하는 여정이다. 글 한 줄을 쓰거나 붓을 들어 그림을 그리는 행위는 자기 이해의 시간이 되고, 그것을 나누는 순간 소통의 다리가 된다. "나는 여전히 무언가를 만들어낼 수 있다"는 확신은 노년을 활력과 의미로 채우는 원천이 된다.

기록 또한 큰 가치를 지닌다. 사진첩 속 한 장, 일기의 몇 줄, 회고록 한 권은 단순한 추억의 보존을 넘어 세대와 사회에 전해지는 유산이 된다. 그것은 가치와 정신을 이어가는 또 하나의 창조적 행위다.

공직에서 은퇴한 60대 후반의 한 남성은 마을기자로 활동하며 지역신문에 칼럼을 연재했고, 이후 글을 모아 책으로 펴냈다. 또 다른 이는 평생의 여행기록을 정리해 잡지에 기고하면서, 개인의 기록을 지역 청년들이 참고하는 문화자료로 확장시켰다.

60대 한 여성은 손재주를 살려 자수로 가족의 역사를 표현했다. 결혼식 사진, 손주의 첫 생일, 부부 여행 장면이 천 위에 수놓아지면서,

완성된 작품은 가계를 상징하는 하나의 가보가 되었다. 그녀에게 바느질은 취미가 아니라 사랑과 기억을 세대에 전승하는 방식이었다.

오늘날 디지털 도구는 새로운 창조의 길을 연다. 은퇴 후 블로그나 유튜브를 운영하는 시니어 크리에이터, AI 그림·글쓰기 도구를 활용해 영감을 확장하는 사례가 늘고 있다. 이러한 디지털 표현은 개인의 성취를 넘어 세대 간 소통의 장을 넓힌다.

역사 속에서도 노년의 창조적 기록은 이어졌다. 동양에서는 퇴계 이황이 여든 가까운 나이에도 수많은 서간문을 남겨 학문과 인격의 유산을 전했고, 서양에서는 미켈란젤로(Michelangelo)가 노년에 바티칸 프로젝트에 참여하며 창조적 열정을 멈추지 않았다. 청록파 시인 박목월은 말년에 삶의 고요한 성찰을 시에 담았고, 신경림 역시 여든을 넘겨서도 꾸준히 작품을 이어가며 한국 현대시의 큰 족적을 남김으로써 "창작은 나이의 문제가 아니라 태도의 문제"임을 보여 주고 있다.

결국 창의적 기록과 표현은 개인에게는 성취와 자기 이해를, 가족에게는 소통과 전승을, 사회에는 영감과 문화 자산을 남긴다. 노년의 창의성은 단순한 취미 활동이 아니라, 삶을 예술로 승화시키고 공동체의 문화적 기억을 확장하는 위대한 작업이다.

Let's design the remaining 30 years

노년 창작이 주는 세 가지 가치

가치	설명	사례	기대 효과
자기 성취	새로운 작품을 완성하는 과정에서 성취감과 자존감을 얻고, "나는 여전히 창조할 수 있다"는 확신을 가짐	80대 시인 - 매일 새벽 시를 쓰고 시집 3권 발간	자존감 향상, 삶의 의미 회복
소통·치유	창작은 자신의 감정을 정리하고 치유하며, 타인과 나누는 순간 소통의 다리가 됨	70대 은퇴자 - 손자에게 들려 줄 그림책 제작 후 도서관에 기증	마음의 안정, 가족·이웃과의 관계 강화
세대 유산	기록과 표현은 다음 세대에 가치와 정신을 전하는 유산이 됨	80대 여성 - 그림으로 삶의 이야기를 담아 전시, 지역사회에 감동 전함	세대 간 연결, 문화적 자산 창출

창의적 표현과 기록 실천 가이드 워크시트

체크	실천 항목	구체적 방법	기대 효과
☐	하루 한 줄 일기 쓰기	잠들기 전 오늘 있었던 일이나 느낀 감정을 한 줄로 기록한다.	자기 성찰, 마음 정리 습관 형성

	추억 사진 정리하기	앨범 속 사진을 정리하며 간단한 설명이나 날짜를 적어둔다.	가족과 공유할 이야기 자산 마련
	짧은 글쓰기 /시 쓰기	주 1회, 일상의 장면이나 감정을 글이나 시로 표현한다.	창의적 표현력 강화, 감정 치유
	가족에게 편지 쓰기	손주·자녀에게 편지 또는 이메일로 삶의 경험과 교훈을 전한다.	세대 간 소통, 가족 유대 강화
	취미로 그림 /공예 배우기	지역문화센터, 온라인 강좌에서 그림·공예 등 새로운 표현 활동을 시작한다.	성취감, 자기 효능감 회복
	작은 기록물 남기기	회고록, 요리법, 가계사(家系史) 등을 문서나 영상으로 정리한다.	세대 유산으로 전승, 문화적 자산 창출
	나눔 전시 ·공유하기	만든 작품(글·그림·사진)을 가족 모임, 온라인, 지역 도서관에 공유한다.	사회적 인정, 소속감 회복

Let's design the remaining 30 years

봉사와 멘토링의 가치

나이가 든다는 것은 세상에 기여할 기회를 잃는다는 뜻이 아니다.

세월이 남긴 경험과 지혜는 여전히 누군가에게 꼭 필요한 자산이며, 봉사와 멘토링은 그것을 나누는 가장 따뜻한 방식이다. 남을 돕는 일은 단순한 선행이 아니라 자신을 확장하는 과정이다. 내가 가진 시간과 에너지가 누군가의 삶을 밝히는 순간, 노년은 다시 사회와 이어지고 스스로도 새로운 힘을 얻게 된다.

봉사는 바깥 세상과 연결되는 통로다. 지역사회에서의 작은 도움, 이웃을 위한 손길, 전문성을 살린 재능 기부는 "나는 여전히 필요한 존재다"라는 확신을 준다. 특히 일상의 봉사는 고립감을 줄이고 새로운 관계망을 열어주는 사회적 안전망이 된다. 삶의 의미는 거창한 성취가 아니라, 일상 속 작은 나눔에서 시작된다.

한 70대 여성은 은퇴 후 매주 도서관에서 아이들에게 동화책을 읽어 준다. 아이들의 눈빛 속에서 그녀는 다시 살아 있음을 느끼며, "내 목소리가 누군가의 꿈을 키울 수 있다"는 기쁨을 발견했다. 봉사는 곧 세대를 잇는 다리가 된 것이다.

멘토링은 봉사보다 한 걸음 더 나아간다. 내가 걸어온 길을 후대에게 전하는 일은 단순한 조언이 아니라, 삶의 시행착오를 지혜로 바꾸어 건네는 선물이다. 한 60대 전직 엔지니어는 은퇴 후 대학생 진로 멘토링을 시작했다. 그는 성공뿐만 아니라 실패의 경험까지 솔직히 나누며, "삶은 성취보다 배움의 연속"이라는 메시지를 전했다. 멘토링은 세대 간 신뢰와 연대를 재구성하는 과정이며, 멘토 자신에게도 "내 경

힘이 여전히 사회적 의미를 지닌다"는 확신을 준다.

역사적으로도 노년기의 나눔은 사회를 지탱해 온 힘이었다. 고대 중국의 유학자들은 은퇴 후에도 제자를 길러 학문과 도덕을 전했고, 조선의 선비들은 여생을 서당에서 후세 교육에 헌신했다. 서구 사회에서도 시니어 멘토링은 기업, 지역 단체, 학교에서 제도화되어 세대 간 지혜와 기술 전수를 이어왔다. 이 전통은 단순한 교육을 넘어, 삶의 지혜를 사회에 환원하는 길이었다.

경험 나누기   30 30 30

한 사람이 평생 동안 겪은 경험은 결코 개인의 소유로만 끝나지 않는다. 나누는 순간 그것은 타인의 지혜가 되고, 공동체의 자산으로 변한다. 내가 걸어온 길은 누군가에게는 아직 가보지 않은 낯선 길이며, 나의 시행착오는 다른 이가 넘어지지 않도록 돕는 이정표가 된다. 경험을 나누지 않으면 그저 지나간 시간이지만, 나누는 순간 세대를 잇는 다리가 된다.

노년의 경험은 단순한 일화가 아니다. 그것은 삶 전체에서 길어 올린 통찰을 담고 있으며, 성공담은 동기를 주고 실패담은 위로가 된다. "나도 그 길을 걸어봤다"는 말은 듣는 이에게 용기를 주고, 말하는 이에게는 자신의 삶이 여전히 의미 있음을 확인시켜 준다.

한 70대 여성은 은퇴 후 마을 아카데미에서 '삶의 기록 쓰기' 강좌를 맡았다. 그는 주민들과 함께 자신의 삶을 글로 적고 나누며, "내가 살아온 이야기가 다른 사람의 거울이 된다"는 사실을 깨달았다. 작은 글쓰기 모임은 세대와 세대를 이어주는 공감의 공간이 되었다.

60대 전직 간호사는 청소년 봉사단 모임에서 환자 곁을 지키며 배운 '작은 돌봄의 힘'을 이야기했다. 학생들은 그 경험을 통해 성취보다 태도가 중요하다는 사실을 깨달았다. 경험의 공유는 지식보다 더 깊은 울림을 주는 것이다.

오늘날에는 디지털 플랫폼이 경험 나눔의 새로운 장을 열고 있다. 블로그·유튜브·팟캐스트는 노년 세대의 체험을 기록해 지역을 넘어 더 넓은 세대와 사회로 확산시킨다. 이렇게 전해진 경험은 개인의 기록을 넘어 집단의 기억으로 남는다.

역사적으로도 경험의 전승은 사회의 지속성을 지탱해 왔다. 고대 그리스의 장년들은 광장에서 젊은 세대와 삶의 지혜를 나누었고, 동양의 서당과 서원에서는 선비들이 후학에게 학문뿐 아니라 삶의 태도를 전수했다. 이는 리쾨르(Paul Ricœur)가 말한 "인간은 이야기 속에서 자기 존재를 형성한다"는 통찰, 그리고 만하임(Karl Mannheim)이 강조한 "세대 간 경험 전승이 사회의 연속성을 가능하게 한다"는 주장과 맞닿아 있다.

무엇보다 중요한 것은 경험을 전하는 방식이다. 가르치려 하기보다 솔직하고 겸손하게 들려줄 때, 경험은 충고가 아니라 공감으로 다가온다. 경험 나눔은 과거를 반복하는 것이 아니라, 새로운 세대를 위한 미래 자산을 만드는 과정이다. 그것은 세대를 잇는 다리이자, 자신을 다시 살아 있게 만드는 또 하나의 도전이다.

Let's design the remaining 30 years

나의 경험 목록 작성하기

■ **구체화하기**

- 이 경험에서 내가 얻은 가장 큰 깨달음은 무엇인가?

  ※ 예: 어떤 어려움도 꾸준함과 진심으로 극복할 수 있다.

- 이 경험이 특히 도움이 될 사람들은 누구인가?

  ※ 예: 청년, 건강이 걱정되는 중년, 관계 문제로 고민하는 부모 세대

- 내가 가장 편안하게 나눌 수 있는 방법은 무엇인가?

  ※ 예: 대화와 강연, 짧은 글쓰기, 함께하는 실습 활동

■ **실행 계획 세우기**

- 언제(날짜/주기):

  ※ 예: 월 1회

- 어디서(장소/모임):

  ※ 예: 지역 주민센터, 도서관, 교회/사찰 소모임

- 누구와(대상):

    ※ 예: 청년, 중장년층, 가족 문제를 겪는 부모

- 어떻게(방식):

    ※ 예: 멘토링, 강의, 체험형 모임(함께 걷기, 글쓰기, 토론)

경험 나누기 실천 가이드 워크시트

체크	실천 과제	구체적 방법	기대 효과
☐	작은 이야기부터 나누기	손주, 가족, 친구와 최근 경험담·실패담을 짧게 들려주기	대화의 물꼬가 트이고, 정서적 교감 형성
☐	지역사회에서 강의·모임 참여	복지관, 도서관, 교회·성당 모임에서 짧은 특강이나 사례 공유하기	경험이 사회 자산으로 전환, 세대 간 연결 강화
☐	멘토링 활동 시도	청소년·청년 대상 멘토링, 진로 상담, 온라인 멘토링 플랫폼 활용	젊은 세대의 성장을 돕고, 자신의 삶에 의미 부여
☐	기록으로 경험 남기기	일기·수기·에세이 형식으로 삶의 순간 정리, 블로그·영상으로 공유	후대에 남길 유산 확보, 자기 성찰 기회
☐	가르치려 하지 말고 들려주기	충고 대신 솔직한 경험담과 겸손한 태도로 이야기하기	공감과 신뢰를 얻고, 관계가 더 따뜻해짐

> **활용법**
> - 오늘 체크박스를 하나 골라 실천하고, 날짜를 적어 기록한다.
> - 매주 최소 1가지씩 실천하면, 1년 뒤에는 50회 이상 경험을 나눈 기록이 남는다.
> - 중요한 것은 거창한 강의가 아니라 작은 대화 한마디라는 점을 기억하는 것이다.

봉사로 확장되는 나 30 30 30

많은 사람들은 봉사를 단순히 "도움이 필요한 사람을 돕는 일"로 이해한다. 그러나 봉사는 그보다 훨씬 깊은 의미를 가진다. 나의 시간과 에너지를 내어주는 동안 되돌아오는 것은 감사 인사에 그치지 않는다. 봉사는 낯선 이들과의 연결, 새로운 환경과의 만남, 그리고 세상 속에서 나의 자리를 새롭게 발견하는 과정이다. 결국 봉사는 남을 위한 행위이면서 동시에 나를 성장시키고 세계를 넓히는 길이 된다.

나이가 들수록 봉사의 가치는 더욱 커진다. 은퇴나 자녀 독립 이후 찾아오는 공허함 속에서 봉사는 삶의 새로운 무대를 열어준다. "나는 여전히 필요한 존재다"라는 확신은 노년을 지탱하는 힘이 된다. 봉사는 단순한 여가 활동이 아니라, 존재 이유와 정체성을 다시 확인하는 행위다.

한 60대 남성은 은퇴 후 지역 산악회와 함께 산불 예방 순찰 봉사에 나선다. 그는 "내가 지켜온 숲이 후손들에게 안전하게 이어진다는 생각만으로도 보람을 느낀다"고 말한다. 산을 오르내리는 일은 체력을 단련해 주었고, 봉사는 곧 자연과 자신을 동시에 지켜내는 길이 되었다.

전직 교사였던 60대 중반 여성은 매주 해양 쓰레기 수거 봉사에 참여한다. 처음에는 단순한 운동 삼아 시작했지만, 지금은 "바다를 지키는 일이 내게 주어진 소명처럼 느껴진다"고 말한다. 바다는 이제 풍경이 아니라, 함께 돌봐야 할 가족 같은 존재가 되었다.

또 다른 70대 여성은 국제 교류 단체에서 외국인 유학생들에게 한국어와 생활 문화를 가르친다. 언어와 문화를 나누는 과정에서 그녀는 오히려 새로운 세상과 소통하는 법을 배우며, "봉사가 곧 공부이자 만남"이라는 사실을 실감한다. 봉사는 낯선 세대와 문화를 잇는 가교가 된다.

봉사의 또 다른 가치는 새로운 관계를 열어주는 일이다. 봉사 현장에서 만나는 사람들은 나이와 직업, 배경이 달라도, "누군가를 돕겠다"는 같은 목적 아래 금세 가까워진다. 이러한 만남은 단순한 인맥이 아니라, 노년의 삶을 지탱하는 사회적 자본으로 축적이 된다.

무엇보다 봉사는 시각을 바꾼다. 고아원에서 아이를 돌볼 때는 "작은 관심이 한 사람의 인생을 바꾼다"는 사실을, 환경 보호 현장에서는 "자연은 곧 나와 연결되어 있다"는 사실을 깨닫게 된다. 봉사는 세상을 바라보는 관점을 전환시키고, 나의 삶을 다시 살아 있게 만든다.

사회학적으로 봉사는 '사회적 자본(social capital)'을 확장하는 행위다. 신뢰와 상호작용은 개인의 삶뿐만 아니라 공동체 전체를 건강하게 만든다. 종교적·문학적 전통에서도 봉사는 "나눔의 영성"으로 이해되었다. 도스토옙스키(Fyodor Dostoevsky)는 『죽음의 집의 기록』에서 작은 친절이 절망 속에서도 인간을 변화시키는 힘을 지닌다고 강조했듯이, 봉사는 수혜자뿐만 아니라 봉사자 자신을 새롭게 변화시킨다.

궁극적으로 봉사는 노년을 무기력에서 깨운다. 은퇴 후 방향을 잃은 이도 봉사에 참여하면서 아침에 일어날 이유를 찾는다. 남을 위해 움직이는 순간, 노년은 주변부의 관객이 아니라 공동체의 주체로 자리 잡는다. 봉사는 자기 혁신이자 사회적 변환의 과정이다.

Let's design the remaining 30 years

노년 봉사가 주는 세 가지 가치

가치	설명	구체적 사례
삶의 의미	은퇴 후에도 '나는 여전히 필요한 사람'이라는 확신을 줌. 삶의 방향과 목적을 회복하게 함.	해양 쓰레기 수거에 참여한 60대 중반 여성 - "내 손으로 바다를 지킨다"는 뿌듯함으로 인생의 활력을 찾음.

관계 확장	새로운 사람들과 연결되고, 세대·배경을 초월한 공동체를 형성함. 고립을 깨고 새로운 인맥을 얻게 됨.	봉사 모임에서 평생 친구를 만나거나, 젊은 세대와 멘토·멘티 관계를 맺음.
자기 성장	봉사 속에서 시야가 넓어지고, 새로운 경험이 내 안의 성장을 이끔. 나를 사회와 다시 연결시킴.	필리핀에서 해외 봉사한 70대 은퇴자 - "내가 준 것보다 받은 것이 더 많았다"고 깨달음.

멘토링의 흔적

인생의 마지막에 중요한 것은 단순히 "무엇을 이루었는가"가 아니라 "무엇을 남겼는가"일 때가 많다. 명예나 재산, 직위와 같은 외적 성취는 시간이 지나면 사라지지만, 한 사람의 말과 태도, 격려는 다른 이의 삶 속에서 오래 살아남는다. 그 흔적을 남기는 방법 중 하나가 바로 멘토링이다.

멘토링은 단순한 조언이나 기술 전수가 아니다. 그것은 내가 걸어온 길을 후대와 나누며, 시행착오 속에서 길어 올린 삶의 지혜를 건네는 과정이다. 후배 세대는 이를 통해 시행착오를 줄이고 길을 찾으며, 멘토는 자신의 삶이 여전히 현재적 의미를 지니고 있음을 확인한다.

멘토링은 단방향적 가르침이 아니라, 세대 간 대화 속에서 서로의 경험을 재해석하는 과정이다.

70대 전직 의사는 은퇴 후 지역 보건소에서 청년 의대생들에게 '현장 경험 멘토링'을 이어가고 있다. 그는 의료 현장에서 마주했던 위기와 판단 과정을 나누며, "책에서 배우지 못한 것을 전달하는 것이 내 역할"이라고 말한다. 이러한 경험 공유는 젊은 세대에게 실질적인 나침반이 된다.

대기업 임원 출신인 60대 중반 남성은 은퇴 후 매주 마을 청년 창업자들과 차를 마시며 대화를 나눈다. 그는 자신의 실패와 회복의 경험을 솔직히 전하며, 청년들은 "실패해도 다시 일어설 수 있다"는 태도에서 용기를 얻는다. 멘토링은 결국 지식을 넘어서 삶의 태도와 회복의 힘을 전하는 일이다.

오늘날 멘토링은 개인적 경험 전수에 머물지 않는다. 기업들은 은퇴한 경력이 많은 인력을 시니어 멘토로 재고용하며, 청년 직원들의 경력 개발에 연결한다. 일부 대기업은 퇴직 예정 임직원들이 스타트업 창업가나 신입사원을 멘토링하도록 지원한다. 이는 단순한 지식 전달이 아니라, 세대 간 역량 교류와 조직의 지속 가능성을 높이는 전략이다. 최근에는 온라인 멘토링 플랫폼을 통해 지역과 국가를 넘어 글로벌 차원의 지혜 교류도 이뤄진다.

역사적으로도 멘토링은 세대 계승의 핵심이었다. 고대 그리스에서 소크라테스가 플라톤에게, 플라톤이 아리스토텔레스에게 지혜를 전하며 철학 전통을 이어갔고, 동양에서는 우암 송시열이 제자들에게 학문과 삶의 태도를 나누며 학맥을 형성했다. 서양 근대 문학에서도 괴테는 후배 작가들을 격려하며 유럽 문학의 지평을 넓혔다. 한국 문단 역시 원로 시인들의 짧은 조언이 여전히 젊은 작가들의 작품 속에서 살아 있다.

결국 멘토링은 인생 후반부에 남길 수 있는 가장 값진 유산이다. 나의 말과 행동, 그리고 삶의 태도가 다른 이에게 전해지고, 다시 다음 세대 속에서 이어질 때, 삶은 완전히 사라지지 않고 살아 있는 흔적으로 남는다. 눈에 보이지 않지만 가장 오래 지속되는 유산, 그것이 멘토링이다.

Let's design the remaining 30 years

노년 멘토링이 주는 세 가지 가치

가치	설명	구체적 사례
세대 연결	삶의 경험과 지혜가 후배 세대에 전해져, 세대 간 단절을 줄이고 다리 역할을 함.	70대 남성 - 젊은 창업가 10명을 코칭해, 3명은 해외 진출 성공.

자기 성찰과 정리	자신의 삶을 돌아보고 정리하면서, 살아온 길이 헛되지 않았음을 확인. 새로운 의미 발견	70대 멘토 - 후배와 매주 커피 대화를 통해 경험을 정리하고 스스로 삶의 의미를 재발견.
흔적 남김 (유산)	물질이 아닌 태도·가치·지혜를 남겨 세대 속에 오래도록 이어짐.	멘토링 받은 후배가 중요한 순간에 멘토의 말을 떠올리며 삶의 선택에 적용.

제8장

마지막까지 책임지는 삶

죽음을 준비하는 용기

죽음을 이야기하는 일은 여전히 많은 이들에게 쉽지 않다. 그러나 외면한다고 해서 죽음이 사라지는 것은 아니다. 오히려 두려움만 커지고, 마지막 순간은 더 혼란스럽게 다가온다. 반대로 죽음을 담담히 마주하는 사람은 끝에서도 평온과 품위를 지킬 수 있다. 이것이 곧 죽음을 준비하는 용기다.

죽음을 준비한다는 것은 단순히 마지막을 기다리는 일이 아니다. 그것은 삶을 끝까지 주체적으로 책임지고 정리하는 태도이며, 두려움을 줄이는 가장 지혜로운 선택이다. 준비의 과정은 남은 시간을 선명하게 바라보게 하고, 오늘의 삶을 더 충실히 살도록 이끈다.

끝을 인정할 때, 삶은 오히려 더욱 분명해진다. 마지막을 준비하는 용기는 죽음을 가까이 두려는 태도가 아니라, 지금 이 순간을 더 깊이 살아내게 하는 힘이다.

끝까지 책임지기

죽음을 준비하는 일은 체념이나 포기가 아니다. 그것은 마지막 순간까지 내 삶을 주체적으로 정리하고, 사랑하는 이들에게 배려와 안정을 남기는 행위다. 준비 없이 맞는 죽음은 가족과 주변 사람들에게 혼란과 짐을 남기지만, 스스로 삶의 끝을 정돈하는 태도는 남은 이들에게 위로와 힘을 준다.

삶을 끝까지 책임진다는 것은 인생의 마지막 페이지를 무심히 덮는 것이 아니라, '정리와 마무리의 과정'으로 채우는 일이다. 중요한 의료적 결정을 미리 적어두는 '사전연명의료의향서', 재산과 법적 문제를 정리하는 '유언장', 불필요한 물건을 비워내는 단순한 정리까지 모두 포함된다. 이 과정은 단순한 행정절차가 아니라, 남은 시간을 사랑으로 정리하는 실천이다.

80대 한 여성은 암 말기 진단을 받은 뒤 매일 조금씩 편지를 써 자녀와 손주들에게 마음을 전했다. 가족들은 평생 듣지 못했던 사랑과 감사의 고백을 편지를 통해 받았고, 슬픔 속에서도 큰 위로를 얻었다. 이처럼 삶을 책임 있게 마무리한다는 것은, 죽음 이후에도 내가 사랑하는 이들의 삶 속에 빛을 남기는 일이다.

또 다른 방식은 "죽음 이후에도 도움이 되는 흔적"을 남기는 것이다. 장례 방식, 장기 기증, 재정적 분배, 가치관의 기록 등을 남기면 가족은 불필요한 갈등 없이 뜻을 따를 수 있다. 이는 곧 "나는 끝까지 내 삶의 주인으로 살겠다"는 선언이자, "나는 떠나면서도 당신들을 생각했다"는 증거가 된다.

죽음을 준비한다고 해서 삶이 줄어드는 것은 아니다. 오히려 끝을 의식할수록 하루는 더 소중하고 선명해진다. 지나온 길을 정리하며 주변을 돌아보는 과정은 삶 전체를 다시 품고 감사하는 시간이 된다. 마지막까지 책임지는 태도는 존엄을 지키는 길이자, 사랑을 남기는 길이다.

하이데거(Martin Heidegger)는 인간이 죽음을 자각할 때 비로소 본래적이고 진실한 삶을 산다고 보았다. 죽음을 준비하는 태도는 곧 삶을 회피하지 않고 끝까지 책임지려는 결단이다.

Let's design the remaining 30 years

삶을 끝까지 책임지는 세 가지 준비

준비 영역	의미	구체적 실천 방법	기대 효과
실물 정리	물건과 재산을 정리해 남은 이들에게 짐을 주지 않음	불필요한 물건 정리, 중요한 서류·계좌·보험 정돈, 상속 정리	가족의 혼란과 부담 감소, 남겨진 이들의 생활 안정
결정 기록	내 삶과 죽음에 관한 결정을 미리 명확히 남김	유언장 작성, 사전연명의료의향서 작성, 장례 방식 선택, 장기 기증 의사표명	가족 간 갈등 예방, 내 뜻 존중, 마지막까지 삶의 주인이 됨
마음의 메시지	사랑과 감사를 남기고 관계를 회복하는 기록	편지 쓰기, 영상 메시지 남기기, 가족과의 대화, 회고록 작성	남겨진 이들에게 위로와 힘 제공, 관계의 치유와 유산 남김

두려움 대신 계획

죽음을 막연한 두려움으로만 바라보면 삶은 움츠러든다. 언제 닥칠지 모른다는 불확실성은 그림자처럼 따라다니고, 사람들은 그 그림자를 피하려 애쓰느라 오늘을 충분히 누리지 못한다. 어떤 이는 죽음을 입 밖에 내는 것조차 불길하다 여기며 준비하지 않은 채 시간을 흘려보낸다. 그러나 준비 없는 죽음은 가족에게 더 큰 혼란과 고통을 남긴다. 반대로 죽음을 '예정된 사건'으로 받아들이고 차분히 계획한다면 두려움은 줄고 지금의 삶은 오히려 선명해진다.

죽음을 준비한다는 것은 죽음을 앞당기는 것이 아니라, 삶을 끝까지 주체적으로 살아가기 위한 선택이다. 미래를 완전히 통제할 수는 없지만, 마지막을 어떤 태도로 맞을지는 미리 정할 수 있다. 중요한 것은 "언제 죽음을 맞는가"가 아니라, "죽음이 오더라도 어떻게 맞이할 것인가"다.

준비해야 할 계획은 세 가지다. 첫째, 의료적 선택이다. 연명치료 여부나 치료 중단 기준을 미리 기록해 두면 가족이 무거운 결정을 대신 짊어지지 않아도 된다. 둘째, 재정적 정리다. 상속, 계좌, 보험, 빚 등을 정리해 두는 것은 자녀와 배우자에게 큰 선물이 된다. 작은 유언장 하나가 가족 간 갈등을 예방한다. 셋째, 관계의 마무리다. 미안한 이에게 용서를 구하고, 고마운 이에게 감사 인사를 전하며, 사랑하는 이에게 마음을 표현하는 일이다. 결국 죽음을 준비하는 가장 중요한 계획은 사람과의 관계를 정리하는 것이다.

실제로 60대 후반의 한 여성은 장례 방식, 유언, 장기 기증 여부를 직접 작성해 가족과 공유했다. 그는 "그 일을 하고 나니 마음이 훨씬 가벼워졌다. 두려움이 줄고 오늘이 더 또렷해졌다"고 말했다. 또 다른 부부는 장례식에서 틀 음악과 낭독할 글까지 미리 정했는데, 자녀들은 처음엔 망설였지만 부모의 뜻을 들은 후 오히려 안도감을 얻었다. 실제로 부모가 세상을 떠났을 때, 자녀들은 혼란 없이 장례를 치렀고 그 시간은 슬픔을 넘어 삶을 기리는 축복의 자리가 되었다.

사회학자 노르베르트 엘리아스(Norbert Elias)는 『죽어가는 자의 고독』에서 현대 사회가 죽음을 은폐하고 외면한다고 지적했다. 전통 사회에서 죽음은 가족과 이웃이 함께하는 공동체적 사건이었으나, 오늘날에는 병원과 시설 속에서 보이지 않는 경험으로 밀려났다. 그는 이를 '죽음의 비가시화(invisibility of death)'라 부르며, 죽음이 두려운 것이 아니라 사회가 그것을 불편한 주제로 회피한 결과라고 분석했다.

따라서 죽음을 의식적으로 준비하는 일은 죽음을 다시 공동체 속 사건으로 회복하는 길이 된다. 준비된 죽음은 남겨진 이들에게 평화를 선물하며, 당사자에게는 존엄을 지키는 마지막 선택이 된다. 두려움은 준비하지 않을 때 커지지만, 계획은 두려움을 평온으로 바꾸고 남은 시간을 더 값지고 자유롭게 만든다. 죽음을 두려움으로 마주할 것인지, 계획으로 다스릴 것인지는 결국 우리의 선택이다.

Let's design the remaining 30 years

죽음을 준비하는 세 가지 계획

영역	의미	구체적 실천 방법	기대 효과
의료	마지막 순간의 치료·연명 여부를 스스로 결정	사전연명의료의향서 작성, 호스피스 이용 의사 기록, 가족과 의료 선택 공유	가족의 혼란·갈등 감소, 내 뜻 존중, 존엄한 마지막
재정	남겨진 이들에게 불필요한 짐을 주지 않음	유언장 작성, 계좌·보험 정리, 빚과 재산 분배 명확화	가족 간 갈등 예방, 생활 안정, 신뢰와 평화
관계	남은 사람들과의 마음 정리	사과·감사·사랑 표현, 편지·영상 남기기, 화해 시도	감정적 치유, 남겨진 가족·지인에게 위로, 관계 회복

나의 준비 점검 워크시트

- **의료 계획**
  ☐ 연명치료 여부를 미리 기록했다.
  ☐ 호스피스·완화의료에 대해 알아봤다.
  ☐ 가족에게 내 의료 선택을 공유했다.

- **재정 계획**
  ☐ 유언장을 작성했거나 작성할 계획이다.

☐ 중요한 서류·계좌·보험을 정리했다.
☐ 빚과 재산을 분명히 정리해두었다.

• 관계 계획
☐ 미안했던 사람에게 마음을 전했다.
☐ 고마움과 사랑을 표현했다.
☐ 가족·친구에게 남길 메시지를 준비했다.

오늘이 선명해지는 순간   30 30 30

죽음을 떠올린다는 것은 삶을 무겁게 짓누르는 일이 아니다. 오히려 그것은 삶의 빛을 더욱 선명하게 드러내는 과정이다. 인생에 끝이 있다는 사실을 깨닫는 순간, 우리는 지금 이 시간을 귀하게 바라본다. 마치 사진가가 한 장면에 초점을 맞추듯이, 죽음을 의식하는 사람은 오늘에 집중하게 되고, 그 결과 삶의 우선순위가 명확해지며 불필요한 욕심은 자연스레 사라진다.

죽음을 준비하는 태도는 사람과의 관계도 바꾼다. 막연히 "언젠가 만나야지"라던 약속은 "지금 바로 연락해야겠다"는 실천으로 바뀌고, 가족에게는 사랑한다는 말을 더 자주 전하며, 친구에게는 미뤄왔던 사과를 건넨다. 갈등조차 죽음을 앞에 두면 더 이상 중요하지 않게 느껴진다. 이처럼 죽음을 의식하면 관계는 단순해지고, 동시에 더 깊어진다.

또한 죽음을 준비한다는 것은 목표와 시간을 새롭게 정의하는 일이다. 끝이 있다는 사실은 오늘의 선택을 더욱 신중하게 만들고, 작은 성취에도 기쁨을 느끼게 한다. 매일의 식사, 짧은 산책, 손주의 웃음, 창밖의 하늘 같은 사소한 순간들이 인생의 가장 큰 선물로 다가온다. 어떤 이는 죽음을 의식하며 오히려 새로운 일에 도전한다. 인생이 연습이 아닌 단 한 번뿐인 무대라는 사실을 깨닫기 때문이다.

60대 후반에 암 진단을 받은 한 남성은 하루하루를 기록하기 시작했다. 그는 "죽음을 의식하니 하루가 훨씬 선명해졌다. 별일 없는 하루도 귀하게 느껴진다"고 말했다. 그의 일기에는 손주와의 대화, 아내와 함께한 저녁 식사, 오래된 친구와의 짧은 통화 같은 순간들이 담겼다. 그 기록은 단순한 메모가 아니라, 삶의 마지막 챕터를 빛나게 하는 증거가 되었다.

문학과 종교도 같은 메시지를 전한다. 톨스토이(Lev Nikolayevich Tolstoy)의 『이반 일리치의 죽음』에서 주인공 이반은 병으로 죽음을 앞두고서야 삶의 진실을 직면한다. 사회적 성공과 체면을 좇던 일상이 공허했음을 깨닫고, 타인과의 진실한 관계와 매 순간의 소박한 삶이야말로 진정한 가치임을 마지막에 인식한다. 성경 전도서(7:2) 역시 "초상집에 가는 것이 잔치집에 가는 것보다 나으니"라고 말하며, 죽음을 의식하는 태도가 지혜로운 삶으로 가는 길임을 일깨운다.

결국 "오늘이 선명해지는 순간"은 죽음을 직시하는 순간 찾아온다. 그 선명함은 삶을 위축시키는 것이 아니라, 매 순간을 충실히 살아내도록 이끄는 힘이 된다. 죽음을 준비하는 용기란 곧, 마지막까지 삶의 의미를 확장하는 선택이다.

Let's design the remaining 30 years

오늘을 선명하게 사는 세 가지 방법

영역	실천 방법	구체적 행동	기대 효과
관계	사랑과 고마움 표현	하루에 한 번 가족·친구에게 "고맙다", "사랑한다" 전하기	후회 없는 관계, 따뜻한 연결 유지
시간	하루를 의식하며 살기	아침에 오늘 꼭 하고 싶은 일 한 가지 적기, 불필요한 일 줄이기	시간낭비를 줄이고 하루의 집중도 상승
기록	소소한 순간 남기기	감사 일기, 사진 한 장, 하루 3줄 기록 남기기	일상의 의미 발견, 삶의 흔적 축적

가치 있는 마무리

삶에 시작이 있듯이, 끝에도 준비와 기술이 필요하다. 죽음은 누구도 피할 수 없는 여정의 마지막 관문이지만, 그 순간을 어떻게 맞이하느냐에 따라 남겨진 이들의 기억과 경험은 달라진다. 준비 없는 마지막은 가족에게 혼란과 짐을 남기지만, 스스로 계획한 마무리는 평온과 존중의 분위기를 만든다.

마무리의 준비는 단순한 절차가 아니다. 그것은 내가 원하는 방식으로 삶을 정리하고, 남은 이들이 존중받으며 애도할 수 있도록 돕는 배려이다. 유언으로 뜻을 분명히 하고, 장례 방식을 미리 선택하며, 장기 기증 의사를 남기는 작은 결정들이 모여 마지막은 혼란이 아니라 사랑의 선물이 된다.

무엇보다 마무리를 준비한다는 것은 삶을 부정하는 일이 아니다. 그것은 오히려 삶을 끝까지 책임지는 마지막 행위다. 끝을 준비하는 사람은 남은 시간을 더 자유롭고 충만하게 살아갈 수 있다. 결국 실질적 마무리란 죽음을 두려움으로 여기는 것이 아니라, 마지막까지 이어지는 사랑과 책임의 표현이다.

유언 작성

많은 사람들은 유언을 떠올리면 곧바로 "재산을 어떻게 나눌 것인가"에만 초점을 맞춘다. 그러나 유언은 단순한 분배 절차가 아니라, 내가 살아온 가치와 마음을 전하는 마지막 메시지다. 몇 줄의 메모일 수도 있고, 공증을 받은 정식 문서일 수도 있지만, 중요한 것은 형식이 아니라 "무엇을 남기고 싶은가"라는 본질적 질문이다.

유언은 물질적 유산과 함께 정신적 유산을 전하는 가장 분명한 방법이다. 내가 소중히 여겼던 신념, 가족에게 전하고 싶은 감사, 미처 표현하지 못했던 사랑, 삶에서 얻은 지혜까지 담을 수 있다. 재산은 사라질 수 있지만, 말과 글로 남긴 철학은 세대를 넘어 이어진다. 그래서 유언장은 종종 "삶의 마지막 편지"라 불린다.

80대 초반의 한 남성은 유언장에 재산 분배뿐만 아니라, "내가 다 하지 못한 일 목록"을 남겨 자녀들이 대신 이어가 주기를 바랐다. 그의 유언은 단절이 아니라, 삶을 잇는 다리가 되었다. 또 70대 중반의 여성은 변호사와 상담해 법적 효력을 갖춘 유언장을 작성했는데, 그 안에는 집과 통장 정리뿐만 아니라 자녀들에게 전하는 삶의 철학과 가치관이 담겨 있었다. 그녀는 "내 재산보다 내 마음을 먼저 나누고 싶었다"고 고백했다. 그 문서는 단순한 재산 목록이 아니라, 가족에게 남긴 마지막 교육이자 축복이었다.

유언은 또한 남은 가족을 위한 배려다. 정리되지 않은 재산 문제는 갈등을 낳기 쉽지만, 미리 준비된 유언장은 불필요한 다툼을 막아준다. 고인의 뜻이 분명할 때 가족들은 더 평안하게 애도할 수 있다.

역사적으로도 유언은 개인 기록을 넘어 사회적 의미를 지닌 제도였다. 로마 제국에서는 유언이 가문의 명예와 신앙을 후대에 전하는 도구였고, 중세 수도사들은 '영혼의 유산'을 남겨 제자들에게 삶의 교훈을 전했다. 이처럼 유언은 시대와 문화를 넘어, '마지막 교육'의 역할을 해온 전통이다.

결국 유언은 단지 재산을 정리하는 문서가 아니다. 내가 어떤 삶을 살았는지, 그리고 무엇을 전하고 싶은지를 보여 주는 마지막 선언이다. 몇 줄의 글이라도 사랑하는 이들에게는 평생 간직할 귀한 유산이 된다.

내가 남길 유언의 세 가지 요소 워크시트

요소	내가 남길 내용	구체적 예시(참고)
재산 (물질적 유산)	☐ 집, 예금, 소유물의 분배 방식	"아파트는 큰딸에게, 저축통장은 손주 학비에 사용"
메시지 (개인적 편지)	☐ 가족·친구·공동체에 전하고 싶은 말	"사랑한다는 말을 많이 못했지만, 늘 감사했다"
가치관 (삶의 철학)	☐ 다음 세대에 전하고 싶은 원칙·신념	"정직하게 살고, 작은 일에도 감사하며 살아라"

> **체크리스트(작성 점검용)**
> ☐ 재산 분배는 분명하고 공정하게 정리했는가? _____
> ☐ 꼭 전하고 싶은 말(감사·사랑·사과)을 담았는가? _____
> ☐ 나의 삶을 지탱했던 가치관을 글로 남겼는가? _____

장례 방식 선택

삶을 끝까지 책임지는 또 하나의 방법은 장례 방식을 미리 결정하는 것이다. 화장, 매장, 자연장, 수목장 등 다양한 선택은 단순한 절차가 아니라 "나는 어떤 가치관을 가지고 살아왔는가"를 보여 주는 마지막 선언이다. 이 결정은 남은 가족에게 불필요한 혼란을 줄이고, 고인의 뜻을 존중하며 장례를 치를 수 있도록 돕는다.

장례는 떠나는 이를 기리는 의식이면서 동시에 남은 사람들이 기억을 정리하는 시간이다. 방식을 미리 정해두면, 가족들은 큰 상실 속에서도 갈등 없이 준비할 수 있다. 누군가는 환경적 책임을 고려해 자연장을 택하고, 또 다른 이는 전통을 존중해 매장을 선택한다. 중요한 것은 "나답게 떠나고 싶다"는 의지를 분명히 남기는 것이다.

70대 후반의 여성은 자연장을 선택하며 "내 흔적이 숲의 일부가 되길 바란다"는 소망을 남겼다. 가족은 매년 숲을 찾아 나무 앞에서 대화를 나누며, 장례가 단순한 의식을 넘어 계속 이어지는 만남의 자리가 되었다. 또 다른 사례로, 자연을 사랑한 80대 초반의 한 남성은 "나는 흙으로 돌아가고 싶다"는 짧은 말을 남기고 수목장을 택했다. 자녀들은 "아버지가 여전히 우리 곁에 자연 속에서 살아 계신 것 같다"고 고백했다. 장례 방식은 곧, 내가 어떻게 기억되고 싶은지에 대한 삶의 마지막 선택임을 보여 준다.

결국 장례 방식 선택은 가장 개인적이면서도 동시에 사회적인 결정이다. 개인의 신념과 삶의 태도가 담긴 선택은 가족에게 위로가 되고, 장례를 슬픔의 자리가 아니라 삶을 기념하고 감사하는 시간으로 바꿀 수 있다. 사회학적으로 장례는 단순한 종결이 아니라 '사회적 통과의례(rites of passage)'로 이해된다. 따라서 스스로 방식을 선택하는 일은 죽음을 수동적 사건이 아닌, 자기 주도적 사건으로 만드는 행위이며, 공동체가 고인을 기억하는 방식을 새롭게 설계하는 길이 된다.

내 장례 방식을 미리 정리하는 워크시트

구분	내가 선택한 내용	예시(참고)
장례 형식	☐화장 ☐매장 ☐자연장 ☐수목장 ☐해양장 ☐기타	"자연장 - 숲 속 나무 아래"
선택 이유	☐나의 가치관 ☐환경적 고려 ☐가족의 편의 ☐전통 존중 등	"평생 자연을 사랑했기에, 떠나서도 자연의 일부가 되고 싶음"

| 가족에게 남길 메시지 | ☐ 장례를 통해 전하고 싶은 말 | "눈물보다는 감사로 내 삶을 기억해 달라. 계절마다 숲을 찾아 나와 대화하길 바란다." |

작성 체크리스트

☐ 내가 원하는 장례 형식을 분명히 적었는가? _____
☐ 선택 이유를 가족이 이해할 수 있도록 설명했는가? _____
☐ 장례를 통해 가족에게 전하고 싶은 메시지를 담았는가? _____

장기 기증 의사

30 30 30

죽음 이후에도 누군가에게 생명을 나눠줄 수 있다는 사실은 단순한 의료 행위를 넘어, 인간이 남길 수 있는 가장 숭고한 유산이다. 장기 기증은 삶의 끝을 다른 이의 새로운 시작으로 바꾸며, 한 사람(뇌사)의 경우 최대 8명 이상의 생명을 살릴 수 있다. 이는 "내 마지막이 누군가의 내일이 된다"는 믿음을 현실로 만드는 특별한 결단이다.

그러나 장기 기증은 마음만으로는 이루어지지 않는다. 공식적인 의사 표현과 절차가 필요하다. 건강보험증, 운전면허증, 주민등록증에 기증 의사를 표시하거나, 국가기관과 전문단체를 통해 서약서를 작성할 수 있다. 무엇보다 중요한 것은 가족과의 사전 대화다. 문서가 있더라도 가족의 동의가 없다면 실행되지 못하는 경우가 많기 때문이다.

70대 중반 남성은 장기 기증 서약을 하며 "이 선택이 내 마지막 봉사입니다"라고 말했다. 그의 말처럼 기증은 단순한 제도가 아니라 봉사의 연장이자 세상과 맺는 마지막 약속이다. 실제로 60대 중반의 한 기증자는 사후에 세 개의 장기를 나누어 세 명의 생명을 살렸다. 이 소식은 지역사회에 알려져 많은 이들이 "죽음 이후에도 나눌 수 있구나"라는 용기를 얻었다.

장기 기증은 남겨진 가족에게도 위로가 된다. 사랑하는 이가 떠났다는 슬픔 속에서도, 그 사람의 심장이 여전히 다른 이의 몸속에서 뛰고 있다는 사실은 단순한 상실을 넘어 '연결된 삶'을 경험하게 한다. 어떤 가족들은 "그가 떠난 것이 아니라, 다른 이들 속에 살아간다"고 말하며 새로운 의미를 발견한다.

나아가 장기 기증은 사회 전체로 확산되는 힘을 가진다. 한 개인의 결정은 주변의 인식을 바꾸고, 기증에 대한 편견을 줄이며, 이타적 문화를 확산시키는 불씨가 된다. 지역 언론이 한 기증자의 선택을 보도하며 "그의 죽음은 끝이 아니라, 지역사회에 빛을 밝힌 시작이었다"고 전한 것도 같은 맥락이다.

결국 장기 기증은 단순한 의료적 선택이 아니라, 죽음을 새로운 시작으로 전환하는 사랑의 실천이다. 그것은 가족을 위한 배려이자 타인에게 건네는 마지막 선물이며, 세대와 세대를 이어주는 다리다. 한나 아렌트(Hannah Arendt)가 인간의 삶을 "탄생과 시작의 연속"이라 말했듯이, 장기 기증은 죽음조차 새로운 탄생의 사건으로 바꾸는 가장 구체적이고 실천적인 사례다.

장기 기증 의사 표현 워크시트

단계	확인할 내용	작성 예시
① 서약 절차 준비	장기 기증 등록 및 공식 문서화	온라인 서약 완료(한국장기기증운동본부, 2023.11.02.). 운전면허증에 기증 의사 표시 신청 완료
② 가족과 대화	가족에게 내 의사 설명 및 동의 확보	배우자·자녀에게 "내 마지막은 누군가의 시작이 되길 바란다" 설명. 가족 모두 동의 확인
③ 기록 보관	문서와 증빙을 안전하게 보관	서약서 사본을 가족에게 전달 후 집 문서함 보관. 유언장에 '장기 기증 의사' 명시

체크리스트

☐ 장기 기증 서약을 공식적으로 등록했다.
☐ 가족과 충분히 대화하여 내 뜻을 알리고 동의를 얻었다.
☐ 서약서나 의사 표시 문서를 안전하게 보관하고, 유언장에도 명확히 기록했다.

> Let's design the remaining 30 years

내가 남기고 싶은 마지막 메시지(예시)

"내가 떠난 뒤에도 누군가가 내 심장으로 다시 뛸 수 있다면,

그것보다 큰 기쁨은 없다.

나의 마지막이 누군가의 새로운 시작이 되길 바란다.

사랑하는 가족들아,

눈물보다 감사로 내 삶을 기억해 주기를 바란다."

기억과 이야기를 남기기

사람은 언젠가 세상을 떠나지만, 삶의 이야기는 남는다. 우리가 걸어온 발자취와 경험은 기록되는 순간 세대를 이어 살아 숨 쉰다. 따라서 삶의 마무리를 준비한다는 것은 단순히 떠날 채비가 아니라, 내 삶의 흔적과 의미를 다음 세대에 건네는 과정이다.

회고록을 쓰는 일은 단순한 글쓰기가 아니다. 그것은 자신이 살아온 시간을 돌아보고 정리하며, 후손이 배울 수 있는 교훈과 지혜를 남기는 행위다. 또한 사진, 영상, 일기 같은 기록은 눈에 보이는 증거로 남아, 가족과 공동체가 고인을 기억하는 방식을 형성한다. 더 나아가

자신의 가치관이나 신앙을 전하는 일은 개인적 신념을 넘어 정신적 유산으로 이어져, 세대와 세대를 연결한다.

삶은 결국 사라지는 것이 아니라, 어떻게 기억되느냐에 따라 이어진다. 우리가 남기는 글과 기록, 그리고 진솔한 고백은 단순한 자료가 아니라 후손에게는 길잡이가 되고, 사회 속에서는 작은 등불처럼 남는다. 그렇기에 마지막까지 책임 있는 삶을 꿈꾼다면, 기억과 이야기를 의도적으로 남기는 실천이 필요하다.

회고록 쓰기

삶을 정리하는 가장 깊이 있는 방법 중 하나는 회고록을 쓰는 일이다. 회고록은 단순히 사건을 나열하는 기록이 아니라, 내가 누구였고 무엇을 사랑했으며 어떤 선택과 고난을 지나왔는지를 보여 주는 인생의 지도와 같다. 평범해 보이는 순간들도 글 속에서는 땀과 눈물이 섞인 서사로 남는다. 기록하는 과정은 곧 자신의 삶을 되돌아보는 성찰이자, 마지막을 정리하는 정신적 작업이 된다.

많은 이들이 "내 인생은 평범해 쓸 만한 이야기가 없지 않을까?"라며 주저한다. 그러나 회고록의 가치는 특별한 사건이 아니라, 평범한 일상 속에 담긴 끈기·사랑·회복의 이야기에 있다. 한 장의 사진, 한 줄의 일기, 오래된 편지 하나가 회고록의 씨앗이 될 수 있고, 작은 조각들이 모여 누군가에게 깊은 울림을 주는 '삶의 책'이 된다.

회고록을 쓰는 과정은 치유의 시간이 되기도 한다. 글로 적어 내려가는 순간 과거의 상처는 정리되며 새로운 의미를 얻는다. "아팠던 그 날도 결국 나를 단단하게 만들었다"는 깨달음은 글쓰기를 통해 찾아오는 선물이다. 심지어 후회로 남았던 순간조차 회고록 속에서는 배움의 흔적으로 바뀌어 후손에게 전해진다.

무엇보다 회고록은 세대 간 대화의 다리가 된다. 손주들은 조부모의 시대를 직접 경험하지 못했지만, 글과 사진으로 남겨진 기록을 통해 그 시대의 공기와 고민을 느낄 수 있다. 예를 들어 80대 초반의 남성은 평생 다녔던 여행지의 기록과 사진을 정리해 전자책을 만들었고, 손주들은 그 속에서 "할아버지가 이런 세상을 살았구나"라는 새로운 시선을 얻었다. 회고록은 가족의 뿌리와 정체성을 이어주는 정신적 유산이 된 것이다.

또한 전직 사업가였던 70대 초반의 한 남성은 자신의 실패와 재도전기를 담은 회고록을 출간했다. 그는 빚더미에 앉았던 시절, 새벽마다 장사를 준비하며 다시 일어서야 했던 경험을 솔직히 기록했다. 그의 손주들은 그 책을 읽고 "실패해도 다시 시작할 수 있다"는 용기를 얻었으며, 회고록은 가족 모두가 공유하는 삶의 교재가 되었다.

회고록은 문학적 완성도를 요구하지 않는다. 짧은 글과 사진, 오래된 편지, 가계도, 손글씨 메모까지 모두 회고록의 재료가 된다. 중요한 것은 글의 유려함이 아니라 삶의 진정성이다. 내가 누구였는지, 무엇을 사랑했는지, 어떤 가치를 지켰는지를 담는 것만으로 충분하다.

결국 회고록은 "나의 마지막 선물"이다. 그것은 단순한 책 한 권이 아니라, 가족에게는 곁에 두고 펼쳐볼 수 있는 길잡이, 후손에게는 자신의 뿌리를 확인할 수 있는 나침반이 된다. 회고록을 쓴다는 것은 곧 삶을 정리하는 동시에, 세대를 이어주는 불멸의 이야기를 남기는 일이다.

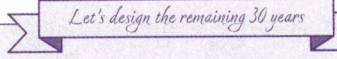

회고록 시작하기 워크시트(작성 예시)

① 내가 담고 싶은 주요 주제 세 가지
- 주제 1: 가족과의 시간
- 주제 2: 직장 생활과 은퇴
- 주제 3: 여행과 도전

② 떠오르는 기억 메모
- 주제 1(가족과의 시간) → 첫 손주가 태어난 날, 병원 복도에서의 떨림
- 주제 2(직장 생활과 은퇴) → 30년 근속 후 마지막 퇴근길, 텅 빈 책상
- 주제 3(여행과 도전) → 60세에 처음 떠난 해외 배낭여행, 파리

골목길의 설렘

③ 나만의 핵심 사건 다섯 가지
- 20대 첫 취업과 상경, 서울역의 풍경
- 아내와 첫 만남, 장마철 비 내리던 대학 캠퍼스
- IMF 시절, 회사를 지키기 위해 밤샘하던 날들
- 은퇴 후, 요리 학원에 등록하며 시작한 제2의 배움
- 첫 손주와 함께 떠난 강원도 가족여행

④ 사진/자료 첨부
- 사진 1(1980년, 첫 출근날): 정장 차림으로 서 있던 젊은 내 모습
- 사진 2(1995년, 가족여행): 제주도 중문해수욕장에서 찍은 단체 사진
- 사진 3(2020년, 은퇴 후 취미): 피아노 앞에 앉아 미소 짓는 장면

⑤ 후손에게 남기고 싶은 메시지(간단 메모)
"실패해도 다시 시작할 수 있다. 내 삶이 그 증거다"
"가족은 어떤 순간에도 삶을 지탱해 주는 기둥이다"
"두려워하지 말고, 새로운 배움을 늦게라도 시작해라"

사진과 영상

글이 어렵게 느껴진다면, 사진과 영상은 또 다른 훌륭한 기록 도구가 된다. 이미지는 글보다 더 직접적이고 생생하게 순간을 담아낸다. 한 장의 사진은 표정과 분위기, 당시의 공기까지 담아내어 보는 이를 그때의 기억 속으로 데려간다. 영상은 짧은 대화, 웃음소리, 걸음걸이까지 기록해, 시간이 흘러도 마치 그 자리에 다시 있는 듯한 감각을 준다.

사진과 영상의 힘은 사소한 순간을 영원한 추억으로 바꾸는 데 있다. 가족과 함께한 식탁 풍경, 여행지에서의 미소, 손주와 나눈 짧은 대화처럼 평범한 일상은 시간이 지나면 가장 큰 보물이 된다. 사람의 기억은 흐릿해지고 왜곡되지만, 기록은 그 순간의 온기를 그대로 보존한다. 그래서 사진과 영상은 단순한 데이터가 아니라 삶의 감정과 의미를 되살리는 작은 타임머신이 된다.

70대 후반의 여성은 매년 연말 가족의 일상을 영상으로 편집해 작은 상영회를 열었다. 짧은 장면들 속에서 자녀와 손주들은 자신의 성장과 변화를 확인하며 큰 기쁨을 얻었다. 그녀는 말했다. "이 영상 속에서 우리는 언제나 웃고 있어요. 시간이 흘러도, 그 웃음은 여전히 우리를 이어 줍니다."

또 다른 사례로, 한 70대 남성은 50년간 모아온 가족사진과 영상을 정리해 디지털 앨범을 만들었다. 단순한 취미였던 작업은 세대를 잇는 귀중한 선물이 되었고, 자녀들은 잊고 있던 순간을 다시 떠올리며 눈물을 글썽였다.

오늘날에는 기술 덕분에 기록은 훨씬 더 쉽고 다양하게 가능하다. 스마트폰 하나로도 매일의 장면을 담고 클라우드에 보관할 수 있다. 사진 정리 애플리케이션이나 영상 편집 프로그램을 활용하면 누구나 손쉽게 나만의 디지털 회고록을 만들 수 있다. 짧은 인터뷰 형식으로 "올해 가장 행복했던 순간"을 기록해 두면, 훗날 특별한 대화의 자료가 된다.

무엇보다 사진과 영상 기록의 진정한 힘은 함께 보는 순간에 있다. 혼자 보관하는 데 그치지 않고, 가족과 나누며 웃고 울 때 기록은 단순한 자료가 아니라 관계의 끈이 된다. 슬픔의 시간에는 위로가 되고, 기쁨의 순간에는 또 다른 웃음을 만들어 준다.

결국 사진과 영상은 "말 없는 회고록"이다. 글로 다 표현하지 못한 사랑, 그리움, 웃음이 고스란히 담겨 세대를 넘어 전해진다. 시간이 흘러도 기록 속에서 우리는 여전히 살아 있고, 웃고 있으며, 사랑한다는 사실을 확인할 수 있다. 이것이 사진과 영상이 남기는 가장 큰 선물이다.

사진·영상 기록 워크시트(작성 예시)

① 가족
- 기록하고 싶은 순간: 손자의 초등학교 졸업식
- 함께한 인물: 아들 가족, 손녀 민보와 규보
- 장소/상황: 초등학교 강당
- 사진/영상 파일 위치: 졸업앨범 폴더
- 메모: "세대가 이어지는 순간, 내 청춘이 다시 떠올랐다."

② 여행
- 여행지/코스: 경주 봄 여행 - 불국사, 첨성대
- 기록할 장면: 벚꽃길 걷기, 가족 단체사진
- 함께한 사람: 배우자, 친한 부부 친구
- 사진/영상 편집 아이디어: 벚꽃 흩날리는 영상에 클래식 음악 삽입
- 메모: "젊었을 때 못 본 풍경을 지금에서야 즐길 수 있었다."

③ 일상
- 평범하지만 기록하고 싶은 순간: 아침 산책 후 공원 벤치에서 신

문 읽기

- 장소: 동네 중앙공원
- 함께한 사람 또는 혼자: 혼자
- 기록 방법: 휴대폰 셀프 영상 + 주변 풍경 사진
- 메모: "이 평범한 하루가 가장 소중한 선물"

④ 취미

- 나의 취미 활동: 난 그림 그리기
- 기록할 장면: 그림 그리는 과정과 완성된 수채화
- 공유 방법: 손주들과 영상통화로 보여 주기, 가족 단체방에 사진 공유
- 메모: "내 취미가 손주들과의 대화 주제가 된다."

⑤ 메시지

- 남기고 싶은 한마디: "항상 서로를 존중하고 사랑하라."
- 대상: 손주들에게
- 표현 방식: 영상 편지 + 손글씨 삽입
- 메모: "말로 전하지 못한 마음, 기록으로는 오래 남길 수 있다."

> ✦ 이렇게 주제별로 간단히 채워 넣으면, 사진과 영상이 단순한 기록을 넘어 가치와 이야기가 담긴 개인 아카이브가 됨.

가치관과 신앙 전하기   30 30 30

우리가 마지막으로 남길 수 있는 가장 큰 유산은 눈에 보이는 재산이 아니다. 삶을 살아가는 태도, 세상을 바라보는 눈, 나를 지탱해 준 신앙과 가치관이야말로 가장 오래 남는 유산이다. 돈과 물건은 시간이 지나면 사라지지만, 평생 지켜온 철학과 믿음은 세대를 건너뛰어 후손들의 삶 속에 스며들며 뿌리처럼 방향을 이끈다.

가치관과 신앙을 전하는 방법은 결코 거창할 필요가 없다. 손주에게 남긴 짧은 쪽지 한 장, 저녁 식탁에서의 대화, 어려움을 견뎌낸 경험을 들려주는 이야기 같은 소박한 것들이 오히려 더 깊게 다가온다. 어떤 이는 회고록을 쓰고, 또 다른 이는 감사 일기를 남기며, 혹은 작은 노트에 철학을 기록해 자녀에게 건네준다. 중요한 것은 글의 완성도가 아니라 꾸준히 남기는 진심 어린 흔적이다.

80대 중반 남성은 평생 자신을 지탱해온 성경 구절과 삶의 교훈을 모아 '가족 신앙 노트'를 만들었다. 그 노트는 단순한 글 모음이 아니라, 가족 모두가 힘들 때마다 다시 꺼내 읽는 지침서가 되었다. 또 한 할머니는 손주와 함께 예배드리며 기도뿐만 아니라 삶의 신념을 나누었고, 손주는 훗날 이렇게 고백했다. "할머니의 이야기가 나의 길을 만들었어요. 힘들 때마다 할머니의 목소리가 떠올라서 다시 일어날 수 있었습니다."

사실 신앙과 가치관은 말보다 삶의 모습으로 보여질 때 가장 큰 힘을 가진다. 기도하는 부모의 뒷모습, 손주에게 베푼 작은 친절, 정직을 지키려는 태도, 남을 먼저 배려하는 습관, 이 모든 것들은 말 없는 교육이자 세대를 이어가는 강력한 메시지다.

또한 신앙과 가치관은 가족에게만 국한되지 않는다. 봉사 활동을 통해 "나는 이런 마음으로 살아왔다"는 것을 보여 주거나, 평생의 신념을 강의나 글로 나누는 일은 한 세대를 넘어 더 많은 이들의 삶을 변화시키는 씨앗이 된다.

이처럼 가치관과 신앙의 전수는 "나는 어떤 기준으로 살아왔는가"라는 질문에 대한 마지막 답변이다. 그것은 과거의 기록이 아니라, 지금도 살아 있는 나의 영혼과 철학을 후손과 사회에 심는 과정이다. 나의 작은 말과 태도, 신앙의 고백 하나가 누군가에게는 삶의 방향을 결정짓는 힘이 될 수 있다. 내 삶은 끝나도, 나의 가치와 믿음은 끊임없이 이어져 간다.

손주에게 남기는 편지(예시)

사랑하는 손주들에게,

너희가 이 글을 읽을 때쯤이면 나는 아마 곁에 없을지도 모르겠구나. 하지만 내 마음과 이야기는 늘 너희와 함께 있기를 바란다. 그래서 이렇게 몇 가지 소중한 가치를 글로 남긴다.

나는 평생을 살아오며 세 가지를 가장 소중히 여겼단다. 정직, 감사, 그리고 나눔.

먼저 정직은 언제나 나를 지켜준 방패와 같았다. 직장 생활 속에서 거짓으로 보고하면 더 쉽게 인정받을 수 있었지만, 나는 진실을 택했다. 덕분에 승진은 늦었지만, 결국 "믿을 수 있는 사람"이라는 평판을 얻을 수 있었다. 정직은 시간이 걸려도 반드시 빛을 발한다는 것을 기억하길 바란다.

둘째는 감사다. 하루가 힘들어도 나는 늘 작은 일에 감사하려 했다. 매일 밤, 그날 감사한 일을 세 가지씩 적었지. "오늘 무사히 하루를 보냈다", "따뜻한 밥을 먹었다", "친구의 안부 전화를 받았다" 같은 소소한 일들 말이다. 그 습관 덕분에 내 삶은 더 환해졌다. 너희도 어려움이 올 때 감사할 일을 적어 보아라. 마음이 한결 가벼워질 것이다.

셋째는 나눔이다. 가진 것이 많지 않았지만, 어려운 학생에게 장학금을 지원한 적이 있다. 훗날 그 학생이 교사가 되어 또 다른 아이들을 키워냈을 때, 나는 큰 기쁨을 느꼈다. 나눔은 줄어드는 것이 아니라, 더 크게 돌아온다. 너희도 언젠가 가진 것을 조금이라도 나눌 수 있기를 바란다.

나의 믿음은 단순하다. "사람은 서로에게 빛이 되어야 한다"는 것. 하나님께 감사하며 살아가다 보면, 그 빛이 너희 삶도 환히 비춰줄 것이다.

사랑하는 손주들아, 내가 꼭 전하고 싶은 말은 이것이다. 정직은 너희를 지켜줄 것이고, 감사는 삶을 풍요롭게 하며, 나눔은 세상을 더 따뜻하게 만든다. 어디에서 무엇을 하든, 이 세 가지 가치를 잊지 말고 살아가길 바란다. 그 길이 곧 너희의 삶을 단단히 지켜줄 것이다.

언제나 너희를 사랑하는

할아버지가

제9장

지역에서 뿌리내리고 사는 기쁨

Let's design the remaining 30 years

지역에 남는 삶의 의미

나이가 들수록 삶의 무게중심은 "어디서, 어떻게 살아갈 것인가"라는 물음으로 옮겨간다. 젊은 시절에는 일과 기회를 쫓아 도시로 떠나거나 새로운 터전을 찾아 움직였다면, 노년에는 떠남보다는 뿌리내림이, 이동보다는 머묾이 삶의 품격과 기쁨을 좌우한다.

지역에 남아 살아간다는 것은 단순히 주소지를 유지하는 일이 아니다. 그것은 내가 오랫동안 걸어온 길과 사람, 공간을 존중하며, 앞으로의 시간을 이곳과 함께하겠다는 따뜻한 선언이다. 이러한 선택은 개인의 편의를 넘어 지역 공동체에도 새로운 활력을 불어넣는다. 머무는 이들이 있기에 마을은 기억을 이어가고, 이웃 관계는 더 깊어진다.

무엇보다 지역에 뿌리내린 삶은 자기 자신을 지키는 길이 된다. 익숙한 환경은 심리적 안정감을 주고, 오래된 이웃은 돌봄의 그물이 된다. 동시에 내가 지역에서 기여하고 참여할 때, 삶은 더 단단해지고, 함께 웃는 공동체의 힘을 얻게 된다.

오늘날 도시화와 이동이 당연시되는 시대 속에서, 지역에 머무는 선택은 단순한 안주가 아니라 하나의 적극적 선언이다. 내가 이곳에서 살아가겠다고 말하는 순간, 지역은 더 이상 배경이 아니라 나와 함께 숨 쉬는 삶의 터전이 된다.

따라서 떠나는 노년이 아니라 머무는 노년을 선택할 때, 우리는 삶의 마지막 장을 더 따뜻하고 의미 있게 채울 수 있다. 정주(定住)의 선언은 뿌리를 확인하는 행위이자, 나와 지역 모두를 살리는 희망의 선택이다.

떠남에서 머묾으로

오랫동안 한국 사회에서 노년은 자연스럽게 '떠남'과 연결되어 왔다. 자녀가 사는 도시로 이사하거나, 은퇴 후 더 나은 생활 인프라를 찾아 대도시로 이동하는 것이 흔했다. 최근에는 해외 이민이나 장기 체류를 통해 노후를 새롭게 설계하려는 시도도 많았다. 방송과 매체에서도 동남아시아에서 여유롭게 노년을 보내는 사례가 자주 소개되면서, 노년은 떠나야만 의미가 있다는 인식이 자리 잡기도 했다.

그러나 오늘날에는 '머무는 노년'이라는 새로운 흐름이 나타나고 있다. 떠남이 더 이상 유일한 답이 아니며, 지금까지 살아온 지역, 익숙한 골목과 시장, 수십 년 함께한 이웃 속에서 살아가는 방식이 오히려 더 큰 안정과 행복을 준다는 사실을 깨닫는 이들이 늘고 있는 것이다.

머무는 삶은 단순히 "이사하지 않는다"는 소극적 선택이 아니다. 그것은 내가 쌓아온 시간과 공간을 존중하며, 그 안에서 새로운 의미와 기쁨을 발견하겠다는 적극적 선언이다. 떠남이 낯선 설렘을 준다면, 머묾은 익숙한 풍경 속에서 삶의 깊이와 정체성을 지켜주는 선택이다.

예를 들어 60대 중반의 한 여성은 은퇴 후 자녀가 사는 서울로 옮길 수도 있었지만, 자신이 살아온 지역에 남았다. 그는 작은 텃밭을 일구며 채소를 이웃과 나누고, 마을신문 기사로 활동하며 이웃의 삶을 기록했다. 그는 이렇게 고백했다. "이제 더는 떠날 곳이 없다. 여기가 내 자리다." 이 말은 체념이 아니라, 삶과 뿌리를 존중하는 자부심이었다. 그의 머묾은 개인의 안정뿐만 아니라 마을 공동체에도 활력을 불어넣었다.

천안에서 30년을 살아온 한 부부 역시 은퇴 후 고향으로 돌아갈지, 새로운 도시로 옮길지를 고민하다가 지금의 지역에 머물기로 했다. 매일 아침 이웃과 인사를 나누고, 텃밭을 가꾸며, 작은 모임에서 생활을 나누는 일상이 그들에게는 화려한 변화보다 더 큰 풍요가 되었다.

　머무는 노년은 단순한 정착이 아니다. 그것은 삶을 다시 심는 과정이다. 내가 걸어온 시간, 함께 살아온 사람들, 늘 마주한 공간 속에서 새로운 의미를 발견하고, 그 안에서 더 깊은 행복을 키워가는 것이다. 이제 노년은 '떠나는 시간'이 아니라, 뿌리내리며 단단해지고 넉넉해지는 시간으로 바뀌어 가고 있다.

　시인 정호승의 시 세계는 떠남보다 머무름 속에서도 피어나는 희망을 노래한다. 그의 작품이 보여 주듯이, 떠나지 않고 머무는 선택이 오히려 더 큰 용기가 될 때가 있다. 노년의 머묾은 단순한 안주가 아니라, 삶의 깊이를 키우고 긍정을 선택하는 적극적 행위라 할 수 있다.

Let's design the remaining 30 years

떠남 vs. 머묾의 장점

구분	떠남의 장점	머묾의 장점
새로움	낯선 환경에서 설렘과 도전 경험	익숙한 공간에서 안정과 연속성
관계	새로운 사람들과의 만남, 확장된 네트워크	오래된 이웃·친구와의 깊은 관계 유지
기회	다양한 문화·활동·서비스에 접근 가능	지역 공동체 속에서 기여와 참여 기회 확대

자아감	새로운 정체성 탐색, 자기 갱신	뿌리와 역사 속에서 정체성 강화
삶의 질	환경 변화로 활력과 자극 제공	정주(定住)를 통한 심리적 안정, 돌봄의 그물 형성

정주 선언의 힘

"나는 이곳에 남겠다"는 정주 선언은 단순한 거주 결정이 아니다. 그것은 곧 자신의 삶의 방향과 정체성을 분명히 하는 적극적 다짐이다. 많은 이들이 노년을 맞아 자녀가 있는 도시로 옮길지, 의료 시설이 편리한 곳을 선택할지, 혹은 전원생활을 찾아 나설지를 고민한다. 그러나 정주 선언은 이런 불확실함을 끝내고, "여기가 나의 자리다"라는 확신을 스스로에게 새기는 행위이다.

정주 선언은 개인에게 몇 가지 중요한 변화를 가져온다. 첫째, 심리적 안정감이다. 머뭇거림은 불안을 키우지만, "이곳에서 산다"는 선택은 삶의 무게중심을 단단히 잡아준다. 둘째, 삶의 방향성이다. 떠날 준비를 하는 사람의 시선은 일시적이지만, 머물기를 택한 사람은 공간을 돌보고 관계를 맺으며 깊이 뿌리내린다. 셋째, 책임의식이다. 정주를 결심하는 순간, 지역의 문제는 곧 나의 과제가 된다.

60대 중반의 남성은 젊은 시절 보낸 마을에서 "생을 마치겠다"는 결심을 한 뒤, 태도가 달라졌다. 과거에는 행사나 환경정화 활동에 그저 '참가자'로 있었지만, 결심 이후 직접 축제를 기획하고 쓰레기 문제 해결에도 앞장섰다. 그는 스스로를 "끝까지 함께할 구성원"으로 인식하며 책임과 보람을 느끼게 되었다.

정주 선언은 또한 공동체적 결속을 강화한다. 한 사람이 머물기로 결심하면, 그 지역의 가게·시장·병원은 지속성을 얻고, 작은 선택들이 모여 지역의 경제·문화·환경을 지탱하는 씨앗이 된다. 결국 정주 선언은 개인의 결정을 넘어 공동체와 사회를 살리는 뿌리가 된다.

철학적으로, 맥킨타이어(Alasdair MacIntyre)는 『덕의 상실(*After Virtue*)』에서 개인의 도덕적 정체성은 공동체와 전통 속에서 형성된다고 설명했다. 심리학자 프롬은 인간의 근본 욕구를 '뿌리내림(rootedness)'으로 규정하며, 머무름 속에서 자유와 안정이 함께 자란다고 보았다. 발달심리학자 에릭슨(Erik H. Erikson)은 노년기의 과제를 '통합 대 절망'으로 제시하며, 지역과의 연결 속에서 자기 삶을 수용할 때 정체성이 완성된다고 강조했다. 인문지리학자 이푸 투안(Yi-Fu Tuan)은 『공간과 장소(*Space and Place*)』에서 정주를 통해 단순한 공간이 경험과 의미가 축적된 장소(place)로 변모한다고 했다. 문학적으로도 웬델 베리(Wendell Berry)는 머무름 속에서 자연과 이웃과 관계 맺을 때 인간이 더 자유롭고 기쁘게 살아간다고 노래했다.

충남 천안에서는 천안학연구소가 주관이 되어 '정주선언문 운동'

을 전개하고 있다. 이 운동은 지역 주민들이 머무는 삶의 의미를 확인하고, "지역 공동체와 끝까지 함께 하겠다"는 다짐을 공식화하는 자리다. 이는 개인의 선택을 넘어 지역 정체성을 강화하고, 지역학적 실천을 생활 속에서 제도화하는 중요한 시도라 할 수 있다.

Let's design the remaining 30 years

지역 정주 선언문(예시)
― 나의 남은 생애를 ○○지역에서 살아내겠습니다 ―

선언 내용

나는 오늘,
남은 생애를 어디에서 이떻게 살아갈지 깊이 성찰한 끝에,
내 삶의 터전이자 기억의 뿌리인 ○○지역을 나의 정주지로 선택한다.
나는 앞으로 30년을 더 살아가며,
그 시간을 이곳에서 걷고, 배우며, 나누고, 마무리할 것이다.
이곳은 단순한 거주의 공간이 아니다.
여기는 내가 의미 있는 삶을 실천하고,
나의 기억과 유산을 남길 삶의 무대이다.

나는 이 지역에서 만난 사람들과 함께 웃고,

그 자연과 역사 속에서 나를 성찰하며,

남은 생을 ○○지역이라는 이름과 함께 살아가고자 한다.

이제 나는 선언한다.

○○지역은 나의 마지막 삶터이며,

나는 이곳에서 생애의 후반기를 성실히 살아낼 것이다.

_____년 _____월 _____일

선언자: _____

서 명: _____

나를 지키고, 지역을 살리다

지역에 머무는 삶은 단순히 "나는 여기서 살겠다"는 개인적 선택이 아니다. 그것은 곧 나 자신을 지키면서 동시에 지역에 새 숨을 불어넣는 선언이다. 오늘날 한국 사회는 '지역소멸 시대'라는 거대한 도전에 직면해 있다. 젊은 세대는 일자리와 교육을 찾아 대도시로 떠나고, 농어촌과 지방 소도시는 빠르게 인구가 줄고 있다. 많은 군 단위 지역은 이미 소멸 위험지로 분류되어 학교와 병원이 하나둘 문을 닫는 상황에

놓여 있다. 이런 흐름 속에서 한 사람이 떠나지 않고 머무는 일은 개인의 안정에 그치지 않고, 지역 공동체 전체를 살리는 씨앗이 된다.

무엇보다 머무는 것은 자신의 삶을 지키는 길이다. 익숙한 동네 풍경, 오랜 이웃과의 인사, 매일 다니던 시장과 길은 노년기에 가장 큰 안정감을 준다. 낯선 도시에서 겪는 소외와 불안, 관계의 단절을 피하게 하고, 오히려 지역이 곧 든든한 안전망이 된다. 머무는 삶은 "내가 내 자리에서 뿌리를 내리고 있다"는 심리적 확신을 주며, 이는 정신적 건강과 일상의 평온, 나아가 활력으로 이어진다.

그러나 이 선택은 동시에 지역을 지켜내는 길이기도 하다. 사람이 떠나면 마을은 금세 텅 비고 공동체의 기능이 무너진다. 반대로 한 사람이 남아 지역 시장을 찾고, 마을 모임에 참여하며, 작은 봉사라도 더 한다면 그 자체가 공동체를 살리는 호흡이 된다. 70대 후반의 한 여성은 지역 돌봄 프로그램에 참여하며 자신의 고립을 막는 동시에 이웃의 안전망을 강화했다. 그녀의 머묾은 곧 지역에 온기를 불어넣는 힘이 되었다.

또 다른 사례로, 60대 중반의 주민은 대형마트 대신 전통시장을 찾는다. 그는 "내가 쓰는 돈이 내 마을을 지킨다"라고 말한다. 소비의 작은 선택이 곧 지역 경제를 움직이는 혈관이 되고, 마을의 일자리를 지켜낸다. 이처럼 머무는 삶은 단순한 '남아 있음'이 아니라 지역 경제와 공동체 생존을 지켜내는 실질적 기여다.

머무는 삶은 더 나아가 세대를 잇는 뿌리가 된다. 부모 세대가 떠나지 않고 지역을 지켜내면, 자녀 세대도 "우리의 고향"이라는 기억을 간직한다. 축제와 전통문화가 이어지고, 지역의 역사가 살아남는다. 결국 한 세대의 머무름은 다음 세대의 정체성과 뿌리를 형성하며, 지역에 살아 있는 기억을 남긴다.

지역소멸 시대에 "나는 여기 남겠다"는 결심은 단순히 개인의 편안함을 위한 결정이 아니다. 그것은 지역 공동체의 내일을 지키고, 새로운 활력을 불어넣는 사회적 실천이다. 떠남이 새로운 기회를 좇는 자유였다면, 머무는 삶은 익숙한 곳에서 책임을 다하며 공동체와 함께 의미를 확장하는 성숙한 자유이다. 머무는 선택은 곧 나의 오늘을 지키고, 지역의 내일을 살리며, 세대의 역사를 이어가는 용기 있는 선언이다.

지역 공동체의 신뢰와 상호 협력은 사회적 자본을 형성한다. 머무는 삶은 이러한 사회적 자본을 키우고, 그것을 다음 세대에 물려줄 수 있는 가장 구체적이고 긍정적인 실천이다.

지역과 함께 성장하기

지역에 머무른다는 것은 단순히 발을 붙이고 살아간다는 의미에 머물지 않는다. 머무는 삶이 온전히 빛을 내려면, 그 땅과 더불어 배우고 자라나는 과정이 반드시 뒤따라야 한다. 지역은 나의 뿌리이자 동시에 내가 기여하며 가꿔야 할 터전이다. 개인의 경험과 지식이 지역에 환원될 때, 삶은 사회적 의미를 얻고 공동체는 새로운 활력과 자원을 얻게 된다.

지역을 제대로 이해하고 사랑하기 위해서는 단순한 생활 경험을 넘어, 지역학적 시선을 통한 배움이 필요하다. 내가 살고 있는 마을의 역사, 문화, 환경을 배우고 기록하는 일은 단순한 지식 습득이 아니라 내 삶의 무대를 깊이 이해하고 책임감을 키우는 과정이다. 이러한 배움은 곧 지역 문제 해결과 실천의 밑거름이 된다.

무엇보다도 지역과 함께 성장하는 힘은 공동의 프로젝트 속에서 구체화된다. 혼자서는 불가능한 변화도 여러 사람이 모여 목표를 세우고 실천할 때 현실이 된다. 환경을 지키는 작은 활동, 지역 축제를 함께 만드는 일, 돌봄 네트워크를 꾸려가는 노력은 개인의 열정을 공동체의 자산으로 전환한다. 이런 경험은 나의 성장을 공동체의 성장과 연결하는 통로가 된다.

결국 지역과 함께 성장하는 삶은 내가 사는 땅을 풍요롭게 할 뿐만 아니라, 나 자신을 더욱 단단하게 키우는 상생의 길이다. 노년의 시간이 단순한 소비가 아니라, 새로운 기여와 배움, 그리고 보람의 시기가 되려면 바로 이 성장의 태도가 필요하다.

경험과 지식의 지역에 환원

노년의 가장 큰 자산은 재산이나 직위가 아니다. 세월이 길러낸 경험과 지혜야말로 삶이 남긴 가장 값진 유산이다. 수십 년간 몸으로 배우고 마음으로 체득한 것들은 책 한 권, 강의 몇 번으로 대신할 수 없다. 이 자산이 개인에게만 머물면 추억으로 끝나지만, 지역에 환원될 때는 다음 세대를 일으키는 씨앗이 된다.

경험을 지역에서 나누는 방법은 다양하다. 평생 직장에서 익힌 기술과 지식을 강좌로 열 수도 있고, 청년들의 멘토가 되어 길을 안내할 수도 있다. 은퇴한 농부가 아이들에게 농사 체험을 가르치며 먹거리의 소중함을 전하고, 퇴직한 교사가 방과 후 독서 지도를 하며 마을의 스승이 되는 모습은 그 자체로 살아 있는 교과서이다. 이처럼 노년이 전하는 경험은 단순한 지식이 아니라 삶의 태도와 가치관까지 함께 스며든다.

특히 실패와 극복의 이야기는 젊은 세대에게 큰 울림을 준다. 좌절과 재기의 순간은 "넘어져도 다시 일어설 수 있다"는 용기를 전하며, 세대 간 신뢰의 끈을 이어준다. 이런 경험이 공유될 때 지역은 단순한 거주지가 아니라, 세대가 교차하며 함께 배우는 배움터가 된다.

한 80대 남성은 은퇴 후 목공 기술을 전수하며 마을 도서관과 주민센터에 필요한 가구를 직접 제작했다. 그는 "내 삶의 흔적이 이제 마을의 자산이 되었다"고 말했다. 70대 초반의 교사 출신 여성은 무료 독서 교실을 열어 아이들에게 '마을 선생님'으로 불렸고, IT 전문가였던 60대 후반의 남성은 청년 창업가들의 멘토가 되어 "내 경험이 이 지역의 내일을 키운다"는 보람을 얻었다.

노년의 경험은 개인의 과거가 아니라, 지역과 세대를 이어주는 살아 있는 교재이다. 경험을 나누는 과정은 지역사회에 실질적 도움을 주고, 시니어에게는 새로운 관계망과 활력을 안겨준다. 교육철학자 존 듀이는 교육을 단순한 지식 주입이 아니라, 경험을 반성적으로 재구성하여 새로운 성장을 만드는 연속적 과정으로 설명했다. 노년의 경험 환원은 곧 지역사회를 위한 지속되는 교육이자, 세대 간에 공유되는 성장의 자원이다.

지역학 실천

지역과 함께 성장하려면 단순히 '사는 곳'으로만 바라보는 시선을 넘어야 한다. 내가 살고 있는 마을의 역사·문화·환경을 배우고 기록하는 일은 그곳을 더 깊이 이해하고 사랑하는 과정이다. 이것이 바로 지역학적 실천이다.

전통 축제에 참여해 오래된 문화를 체험하거나, 마을의 역사적 인물과 건축물을 기록하고, 환경 보존을 위해 쓰레기를 줍는 활동은 모두 지역학적 실천이다. 이러한 작은 행동들이 쌓여 지역을 지켜내고, 나와 이웃의 일상을 더 풍요롭고 즐겁게 만든다.

천안은 천안학연구소가 중심이 되어 '천안학'이라는 이름으로 지역의 역사·문화·인물 연구를 체계화했다. 더 나아가 단순한 연구에 머무르지 않고, 시내 8개 대학에 '천안의 이해'라는 교양 과목을 개설해 대학생들에게 지역을 가르치고, 초·중·고 학생과 시민까지 아우르는 교육 활동을 전개하고 있다. 또한 지역 커뮤니티와의 긴밀한 협력을 통해 연구 성과를 생활 속에서 실천하며, 주민들에게 지역의 가치를 새롭게 깨닫게 하고 공동체적 자부심을 북돋우고 있다.

특히 지역학에 뿌리를 둔 실천은 노년의 삶을 더욱 풍요롭게 한다. 오랜 세월 살아온 눈으로 지역의 변화를 기록하는 일은 자신의 발자취를 정리하는 성찰이 되고, 동시에 후손에게 남길 귀중한 유산이 된다. 또 지역을 주제로 한 학습과 활동은 이웃과의 교류를 넓히고, 새로운 공동체적 경험을 선물한다.

사회학자 기든스(Anthony Giddens)는 정체성이란 고정된 것이 아니라 사회적 맥락과 상호작용 속에서, 그리고 자기 서사의 반성적 구성 과정을 통해 형성된다고 보았다. 지역학적 실천은 노년의 정체성을 공동체와 연결하고, 삶을 긍정적이고 의미 있게 확장하는 구체적 방식이다.

Let's design the remaining 30 years

지역학 실천 활동 다섯 가지

활동 유형	구체적 실천 방법	기대 효과
축제 참여	지역 전통 축제·문화행사에 참가, 자원봉사자로 활동	지역 문화 이해, 이웃과 교류 확대, 자부심 형성
마을 역사 기록	노인의 구술 기록, 옛 사진·문헌 정리, 마을 연대기 제작	지역 정체성 보존, 후손에게 역사적 자료 남김
지역 환경 보존	하천 정화, 산림 보호, 마을 꽃길 가꾸기	지속가능한 환경 유지, 공동체 협력 경험
주민 해설 활동	마을 안내 해설사, 문화재·역사 현장 설명	관광 자원 활용, 지역 홍보, 주민 자긍심 고취
세대 간 교육	아이들에게 옛 풍습·노하우 전수, 학교·도서관 연계	세대 간 소통 강화, 경험 지혜의 사회적 확산

지역공동체 프로젝트

지역은 한 사람의 힘으로는 지켜낼 수 없다. 마을은 여럿이 함께 살아가는 손길이 모여 유지되고 발전한다. 그렇기에 공동체 프로젝트 참여는 단순한 봉사나 여가 활동이 아니라, 마을을 지탱하는 중요한 축이며 참여자 자신에게도 기쁨과 의미를 주는 삶의 방식이다.

예를 들어 공동 텃밭 가꾸기는 단순한 채소 재배가 아니다. 이웃 간 협력과 대화를 키우는 살아 있는 교실이다. 수확을 나누는 기쁨은 공동체만의 특별한 추억이 되고, 작은 대화는 신뢰와 친밀감을 쌓는다. 공동 급식 또한 단순한 끼니 해결이 아니라, 외로움을 달래고 서로를 돌보는 안전망이 된다.

문화와 예술을 기반으로 한 프로젝트는 더 큰 힘을 발휘한다. 주민 합창단, 연극 모임, 작은 박람회 같은 활동은 마을을 하나로 묶는 접착제가 된다. 독일의 한 마을에서는 주민 합창단이 매년 축제를 주관하며 "이 합창단이 우리 마을의 심장"이라는 평가를 받는다. 한국에서도 지역 축제 기획이나 돌봄 네트워크는 마을을 변화시키며, 주민들에게 '우리는 함께 살아가는 존재'라는 자각과 긍지를 심어준다.

70대 초반의 한 여성은 텃밭, 공동 급식, 주민 합창단 활동을 동시에 하며 "혼자서는 할 수 없지만, 같이 할 때 마을이 살아난다"고 말했다. 또 다른 주민은 매년 지역 축제 기획단으로 참여하며 새로운 친구와 아이디어를 얻고, "내가 지역의 주인공이 된다"는 보람을 느낀다.

공동체 프로젝트의 본질은 '함께 만든다'는 데 있다. 혼자서는 불가능했던 일이 여러 사람의 힘이 모여 실행되면서 마을은 달라지고, 사람들은 서로에게 의지가 된다. 이 과정에서 노년의 삶은 단순한 소비자가 아니라 '지역을 살리는 주인공'으로 변화한다.

상호 신뢰와 협력의 네트워크가 사회적 자본을 형성하기에, 공동체 프로젝트에 참여하는 일은 곧 사회적 자본을 축적하고 지역과 함께 성장하는 길이 된다.

Let's design the remaining 30 years

내가 참여할 수 있는 공동체 프로젝트 다섯 가지 아이디어

프로젝트 아이디어	활동 내용	기대 효과
마을 텃밭 가꾸기	이웃과 함께 텃밭을 조성하고 채소를 재배, 수확물은 나누어 사용	협력과 교류 강화, 건강한 식습관, 작은 경제적 절약
지역 환경 정화 활동	하천, 산책로, 공원 청소 및 재활용 캠페인	깨끗한 환경 조성, 지역 자부심 고취, 세대 간 협력
마을 축제 기획 참여	지역 축제의 프로그램 준비, 음식·공예 판매, 공연 참여	주민 참여 확대, 지역경제 활성화, 공동체 결속 강화
돌봄 네트워크	독거 어르신 안부 확인, 공동 급식, 생활 지원 봉사	고립 예방, 안전망 강화, 정서적 유대 형성
문화·예술 공동체 활동	주민 합창단, 연극, 사진전 등 문화 프로젝트 운영	창의적 표현 기회, 세대 간 교류, 삶의 활력 증대

지역 라이프스타일

　삶의 후반부는 단순히 시간이 흘러가는 시기가 아니다. "어떻게 살아갈 것인가"를 새롭게 설계하는 두 번째 무대다. 그 중심에는 내가 발 딛고 있는 지역이 있다. 익숙한 골목, 오래된 시장, 함께 웃으며 인사

나누는 이웃은 단순한 배경이 아니라 나의 일상을 빛나게 하는 소중한 자산이다.

노년의 삶을 풍요롭게 만드는 비결은 '지역을 소비하는 삶'에서 '지역을 함께 만들어가는 삶'으로의 전환에 있다. 그 과정에서 우리는 지역의 숨은 매력을 재발견하고, 이웃과의 네트워크를 새롭게 엮으며, 지역과 더불어 늙어가면서도 활력을 얻는 방식을 찾아간다.

지역은 단순한 거주지가 아니라 삶의 무대이며, 나는 그 무대 위의 배우다. 어떤 역할을 맡고 어떤 장면을 만들어내느냐에 따라 노년의 모습은 전혀 달라진다. 누군가는 텃밭에서 수확을 나누고, 누군가는 동네 역사책을 집필하며, 또 다른 이는 주민들과 함께 축제를 기획한다. 이처럼 각자의 방식으로 '지역 라이프스타일'을 디자인하며, 그 안에서 기쁨과 의미를 발견한다.

결국 나만의 지역 라이프스타일은 내 삶의 만족을 키우는 동시에 지역을 풍성하게 만드는 선택이다. 이 선택은 삶의 질을 높이는 동시에 공동체의 내일에 희망의 씨앗을 뿌린다. "지역과 함께 늙는 삶", 그것이야말로 가장 단단하고 가장 따뜻한 노년의 라이프스타일이다.

지역의 매력 발견

머무는 삶이 따분하게 느껴진다면, 그것은 삶이 지루해서가 아니라 지역을 새롭게 바라보는 눈을 잃었기 때문이다. 많은 사람들은 즐거움과 설렘이 늘 먼 곳에 있다고 생각한다. 해외 여행, 대도시의 공연, 유명한 카페와 식당을 찾아가는 일이야말로 재미라고 여긴다. 그러나 정작 매일 발 딛고 살아가는 동네 안에도 수많은 보물이 숨어있다.

오래된 전통시장에서 흘러나오는 정겨운 대화, 계절마다 변하는 산책로의 풍경, 담벼락의 벽화, 동네 예술가의 작은 전시회와 버스킹 무대. 이러한 소소한 장면들이야말로 일상을 풍성하게 하고 머무는 삶의 기쁨을 더해준다.

중소기업을 은퇴한 70대 초반의 남성은 매주 카메라를 들고 동네 풍경을 기록한다. 그의 SNS는 전국 사람들의 관심을 불러 모았고, 마을은 점차 작은 관광 명소로 자리 잡았다. 그는 "멀리 가야만 여행이 아니다. 내가 사는 마을 안에도 수많은 여행지가 숨어 있다"고 말한다. 또 다른 주민은 골목길 산책 코스를 지도로 만들어 '동네 탐방 가이드북'을 출판했는데, 주민과 방문객 모두에게 큰 호응을 얻으며 지역에 활기를 불어넣었다.

지역의 매력은 '다시 발견될 때' 비로소 살아난다. 르페브르(Henri Lefebvre)는 일상을 단순한 반복이 아니라 사회 구조가 가장 선명하게 드러나는 동시에 변혁의 가능성이 열리는 공간으로 보았다. 하버마스(Jürgen Habermas) 역시 『공론장의 구조변동』에서, 일상적 대화와 담론이 사적 영역을 넘어 공공성을 형성한다고 설명했다. 그는 합리적 의

사소통을 통해 시민들이 경험을 공유하고 논의할 때, 사회 변혁의 동력이 마련된다고 강조했다.

즉, 일상은 단순한 습관의 축적이 아니라 사회적 연대와 비판적 성찰을 낳는 공론장이 될 수 있다. 지역의 매력은 그 속에서 다시 발견되고, 사람들과 나눌 때 더욱 빛난다.

Let's design the remaining 30 years

지역 매력을 재발견하는 다섯 가지 방법

방법	구체적 실천	기대 효과
걷기	동네 골목, 산책로, 시장 등을 천천히 걸으며 계절별 변화를 관찰하기	일상 속 숨은 매력 발견, 지역에 대한 애착 형성
기록하기	사진 찍기, 일기 쓰기, 짧은 영상 제작 등으로 지역의 풍경과 순간을 남기기	기억을 오래 간직하고, 지역의 가치를 스스로 확인
참여하기	지역 축제, 장터, 문화행사, 주민 모임에 직접 발걸음하기	공동체 소속감 강화, 지역경제·문화 활성화 기여
공유하기	SNS, 블로그, 가족 모임에서 지역의 매력을 알리고 나누기	다른 사람들과 연결, 지역에 대한 긍정적 인식 확산
배우기	마을 역사 해설 듣기, 지역 공방 체험, 지역학 강좌 참여	지적·정서적 뿌리 강화, 지역을 더 깊이 이해

로컬 네트워크　　　　　　　　　　　　　　30 30 30

지역에 뿌리 내린 삶은 단순히 주소지를 유지하는 것이 아니다. 사람들과 관계를 맺고, 생활 속에서 서로의 존재를 확인하며, 작은 신뢰의 고리를 쌓아가는 과정이다. 노년기의 로컬 네트워크는 단순한 인간관계가 아니라, 삶을 지탱하는 생활 기반이자 든든한 사회적 안전망이 된다.

이웃과 나누는 짧은 인사, 단골 상인과의 대화, 동네 카페에서 우연히 마주치는 얼굴은 겉보기에는 사소해 보인다. 그러나 이 일상적 연결망이 끊어질 때 노년의 삶은 쉽게 고립으로 이어진다. 반대로 작은 네트워크가 단단히 유지될 때 사람은 더 건강하고 활기차게 살아간다. 실제 연구 결과에서도 사회적 연결이 활발한 노년층일수록 우울증 발병률이 낮고 평균 수명은 더 길다는 사실이 보고되고 있다.

전직 교사였던 70대 한 여성은 은퇴 후 주민들과 함께 '마을 장터'를 매달 열기 시작했다. 장터는 단순한 거래의 공간이 아니라, 이웃과 대화하고 새로운 사람을 만나는 네트워크의 장이 되었다. 그는 "나이가 들어도 여전히 필요한 사람"이라는 확신을 얻었다. 또 60대 카페 주인은 매달 공간을 무료로 개방해 주민들을 모이게 했고, 시간이 지나면서 그 카페는 지역의 소통 허브로 자리 잡았다.

사회학자 퍼트남(Robert D. Putnam)은 사회적 자본을 신뢰와 상호 협력의 네트워크로 이해했다. 이에 대해 제임스 콜먼(James Samuel

Coleman)은 사회적 자본을 사람들 사이의 관계 구조 속에 존재하는 자원으로 규정하며, 그것이 개인의 행동을 촉진하거나 제약한다고 설명했다. 프랜시스 후쿠야마(Francis Fukuyama)는 사회적 자본을 사람들이 공유하는 신뢰의 규범이자 협력을 가능케 하는 사회적 윤리로 보며, 경제와 조직 성과를 떠받치는 문화적 기반으로 이해했다.

따라서 사회적 자본은 단순한 인간관계의 부산물이 아니라, 개인과 공동체 모두의 지속 가능성을 지탱하는 토대이다. 노년기의 로컬 네트워크는 이러한 사회적 자본을 형성하고 지켜내는 가장 중요한 원천이며, 삶의 활력을 더하는 힘이라 할 수 있다.

Let's design the remaining 30 years

로컬 네트워크를 형성하는 다섯 가지 실천법

실천법	구체적인 행동 예시	기대 효과
인사하기	매일 아침·저녁 이웃에게 밝게 인사하기	얼굴을 기억하고 이름을 불러주는 관계로 발전
단골 만들기	동네 가게, 전통시장, 카페를 꾸준히 이용하기	상인·주민과 신뢰 쌓기, 생활 네트워크 강화
주민 모임 참여	독서 모임, 합창단, 텃밭 가꾸기, 체육 동아리 등 참여	새로운 사람들과 연결, 친구·동료 관계 형성

공동활동 제안	작은 청소 캠페인, 골목 꽃 심기, 마을축제 기획 참여	협력 경험을 통해 유대감 강화, '우리 마을' 의식 형성
서로 돕기	장보기·병원 동행·집안 간단한 수리 등 이웃 도움 주고받기	위기 시 안전망 형성, 신뢰와 따뜻한 공동체 구축

지역과 함께 익어가기

노년의 삶에서 중요한 태도 중 하나는 "지역과 함께 익어간다"는 자세다. 개인의 시간이 깊어지는 것과 지역의 변화는 언제나 나란히 이어진다. 오래된 가게가 문을 닫고 새로운 건물이 들어서며, 익숙한 이웃이 세상을 떠나는 과정을 겪는 동안 우리는 동시에 자신의 세월이 무르익어감을 느낀다. 그러니 이를 단순한 상실로만 보지 않고 '공동의 성숙'으로 바라볼 때, 노년은 잃음이 아니라 더 깊은 의미와 기쁨을 얻게 된다.

60대 중반의 한 남성은 숲 해설사로서 지역의 아이들과 환경 보전 활동에 참여하고 있다. 그는 "내 몸이 늙어가는 속도와 자연이 회복되어가는 속도가 함께 느껴진다"고 말했다. 그의 삶은 소멸이 아니라 '함께 무르익는 과정'으로 이해된다. 또 교사로 은퇴한 한 부부는 평생 살던 마을에 머물며 이웃과 밭을 일구고 노래를 부르며, "마을이 익어가면 우리도 함께 익는다"는 선언을 삶으로 보여 주었다.

지역과 함께 익어간다는 것은 곧 나의 정체성과 마을의 정체성을 하나로 잇는 삶이다. 내가 심은 나무는 후손의 그늘이 되고, 내가 남긴 기록은 지역의 역사 일부가 된다. 결국 내 삶은 한 개인의 일기를 넘어, 마을의 공동 서사 속에 스며든다.

노년의 고립을 막는 가장 강력한 처방은 바로 '함께 익어가는 것'이다. 이웃과 변화를 나누고, 익숙한 환경 속에서 새로운 의미를 발견하며, 지역과 함께 익어갈 때 세월은 두려움이 아니라 성숙과 연대, 그리고 다시 피어나는 기쁨이 된다.

Let's design the remaining 30 years

내가 지역과 함께 익어 가는 방법 세 가지

영역	구체적 실천 아이디어	나의 실천 계획	체크
지역 풍경과 함께하기	매일 걷는 길, 계절의 변화 기록하기 / 동네 산책로 사진 찍기	매일 아침 20분 동네 뒷산을 걷고, 주 1회 사진을 찍어 앨범에 정리한다.	☐
이웃과 관계 맺기	시장 단골 가게 만들기 / 주민 모임 참여 / 봉사 활동 참여	주 1회 전통시장에서 장을 보고, 한 달에 한 번 주민 회관에서 열리는 마을 노래 모임에 참석한다.	☐

| 마을 역사에 기여하기 | 마을 기록 남기기 / 전통 지식 전수 / 지역 프로젝트 참여 | 2주에 한 번 손주와 함께 마을 어르신들의 이야기를 기록해 작은 책자로 만들고, 마을 소식지에 기고한다. | |

에필로그

삶이 유한하다는 사실은 때로 우리의 어깨를 무겁게 누른다. 그러나 바로 그 한계가 오늘을 더욱 빛나게 만든다. 끝이 있다는 것을 아는 사람만이 하루의 온도를 더 섬세하게 느끼고, 시간의 결을 곱게 만질 수 있다. "마지막 날까지 더 산다"는 말은 단순히 오래 숨을 쉬는 것이 아니라, 남은 시간을 두 배, 세 배로 진하게 물들이는 일이다.

인생은 선형적인 직선이 아니다. 서로 다른 시간과 경험이 겹겹이 쌓이며 만들어내는 나선형의 궤적이다. 우리는 30년마다 다른 이름을 가진 길목에 선다. 배우던 시절, 일하던 시절, 그리고 이제는 살아가는 시절. 그러나 이 구분은 단절이 아니다. 오히려 서로 이어지고 반영되며, 새로운 해석을 요구한다.

더 사는 법은 거창하지 않다. 오히려 아주 작은 행동, 그러나 마음을 움직이는 일에서 시작된다. 오래 잊었던 친구에게 전화를 걸어 웃음을 듣는 일, 배우지 못한 악기로 첫 음을 내보는 일, 오래 묵은 미안함을 전하는 일, 평소보다 한 걸음 더 걸으며 바람과 나무 냄새를 기억하는 일, 이런 작은 실천들이 하루를 채우고 쌓일 때, 시간의 속도는 느려지고 인생의 끝은 멀어진다. 그것이 마지막 날까지 더 살아내는 조용한 기적이다.

마지막까지 산다는 것은 나 혼자만의 이야기가 아니다. 함께 살아온 얼굴들을 오래 품는 일이다. 가족과 부엌 불빛 아래서 나누는 저녁 식사, 친구와 카페 구석에서 이어간 대화, 이웃과 길가에서 건네는 안부 인사, 그리고 나 자신과의 화해가 삶을 더 부드럽게 감싸준다. 오늘의 미소는 내일의 기억이 되고, 그 기억은 또 다른 사람의 마음속에서 꽃처럼 피어난다. 내 하루가 누군가의 이야기에 스며드는 순간, 나는 그 속에서 여전히 살아 있다.

무엇보다 중요한 것은 꿈꾸는 일을 멈추지 않는 것이다. 나이가 들었다는 이유로 새로운 목표를 접는다면 인생은 조용히 식어 버린다. 그러나 작은 호기심이라도 붙잡아 한 발자국씩 나아간다면, 우리는 여전히 '살아 있음'을 느낀다. 첫 수업에서의 설렘, 떠나지 않은 여행지에 대한 기대, 내일을 기다리는 마음이 남아 있는 한, 인생은 언제나 새로워진다. 마지막 페이지를 덮는 순간까지 내 인생이라는 책을 내가 직접 써 내려간다는 결심, 그것이 가장 아름다운 결론이다.

은퇴 이후라는 인생 3막은 무대 뒤로 사라지는 시간이 아니다. 새로운 조명을 받으며 다시 서는 시간이다. 인생은 끝이 아니라, 내가 선언하는 만큼 새롭게 시작되는 이야기며, 오늘이 그 이야기의 첫 줄이 될 수 있다. 그래서 우리에게는 '인생 더 살기 선언'이 필요하다. 남은 날들을 주저하지 않고 더 깊이, 더 충만하게 살겠다는 다짐이야말로 노년을 다시 열어주는 열쇠다.

마찬가지로, "나는 이곳에 남겠다"는 지역 정주 선언은 단순한 거주 결정이 아니다. 나와 공동체를 함께 지켜내는 삶의 다짐이다. 내가 뿌리내린 자리에서 끝까지 살아가겠다는 결심은 개인의 안정과 존엄을 지키는 동시에, 공동체의 미래를 이어가는 가장 구체적인 실천이 된다.

　우리는 결국 떠나지만, 우리가 남긴 온기는 또 다른 하루를 살게 한다. 그러니 오늘 하루를, 나의 남은 모든 날을 마지막처럼 더 살아가자. 그것이 나 자신에게 주는 최고의 은퇴 선물이자, 지역과 세상에 남기는 가장 따뜻한 유산이다.

"바람이 불어와도, 내 웃음은 남아
누군가의 길 위에 작은 등불이 되고
내가 떠난 자리마다
또 다른 시작이 피어나리라."

Let's design the remaining 30 years

Life 30

참고 문헌

괴테, J. W. von. (1999). 『파우스트 II』(김재혁, 역). 민음사.
도스토옙스키, F. (2003). 『카라마조프가의 형제들』(이항재, 역). 열린책들.
도스토옙스키, F. (2009). 『죄와 벌』(홍대화, 역). 열린책들.
뒤르켐, É. (1987). 『자살론』(이종각, 역). 청아출판사.
디킨스, C. (2009). 『위대한 유산』(김석희, 역). 펭귄클래식코리아.
디킨스, C. (2009). 『크리스마스 캐럴』(신동운, 역). 펭귄클래식코리아.
레페브르, H. (1990). 『일상의 비판』(김석철, 역). 현실문화연구.
무라카미, H. (2009). 『달리기를 말할 때 내가 말하는 것』(양윤옥, 역). 문학사상.
세네카. (2009). 『스토아 철학자 세네카의 편지』(천병희, 역). 숲.
셰익스피어, W. (2009). 『십이야』(최종철, 역). 민음사.
심재권 외. (2025). 『AI 시대의 인간관계와 인성』. 윤성사.
아우스틴, J. (2009). 『맨스필드 파크』(홍은영, 역). 펭귄클래식코리아.
아우스틴, J. (2009). 『이성과 감성』(김욱동, 역). 펭귄클래식코리아.
에릭슨, E. H. (1997). 『자아 정체성과 생애 주기』(김혜원, 역). 나남.
엘리아스, N. (2002). 『시간에 관한 에세이』(송재룡, 역). 새물결.
엘리아스, N. (2012). 『죽어가는 자의 고독』(이상률, 역). 문학동네.
엘리엇, T. S. (2003). 『네 개의 사중주』(최동호, 역). 민음사.
위고, V. (2007). 『레 미제라블』(김화영, 역). 민음사.
체호프, A. (2009). 『체호프 단편선』(김연경, 역). 열린책들.
콜버그, L. (1996). 『도덕 발달의 철학』(이기범, 역). 교육과학사.
톨스토이, L. (2008). 『이반 일리치의 죽음』(박형규, 역). 민음사.
프롬, E. (2012). 『존재의 기술』(최승자, 역). 까치.
플라톤. (2007). 『국가』(박종현, 역). 서광사.
하디, T. (2003). 『캐스터브리지의 시장』(박경희, 역). 민음사.
하버마스, J. (2001). 『공론장의 구조변동』(한승완, 역). 나남.
호메로스. (2007). 『오디세이아』(천병희, 역). 숲.

Berry, W. (2012). *It all turns on affection: The Jefferson Lecture and other essays*. Counterpoint.

Bourdieu, P. (1986). The forms of capital. In J. Richardson (Ed.), *Handbook of theory and research for the sociology of education*(pp. 241-258). Greenwood.

Coleman, J. S. (1988). Social capital in the creation of human capital. *American Journal of Sociology*, 94(Supplement), S95-S120.

Deci, E. L., & Ryan, R. M. (1985). *Intrinsic motivation and self-determination in human behavior*. Springer.

Floridi, L. (2014). *The fourth revolution: How the infosphere is reshaping human reality*. Oxford University Press.

Fukuyama, F. (1995). *Trust: The social virtues and the creation of prosperity*. Free Press.

Giddens, A. (1991). *Modernity and self-identity: Self and society in the late modern age*. Stanford University Press.

Janis, I. L. (1972). *Victims of groupthink: A psychological study of foreign-policy decisions and fiascoes*. Houghton Mifflin.

Kepler, J. (1995). *Epitome of Copernican astronomy and Harmonies of the world*(C. G. Wallis, Trans.). Prometheus Books. (Original work published 1619)

MacIntyre, A. (2007). *After virtue: A study in moral theory*(3rd ed.). University of Notre Dame Press.

National Institute on Aging. (2022). *Social isolation, loneliness in older people pose health risks*. U.S. Department of Health & Human Services. https://www.nia.nih.gov

OECD. (2020). *Ageing and inclusive growth: Distributional impacts of policies. OECD Publishing*. https://www.oecd.org

Putnam, R. D. (2000). *Bowling alone: The collapse and revival of American community*. Simon & Schuster.

Rawls, J. (1971). *A theory of justice*. Harvard University Press.

Seligman, M. E. P. (2011). *Flourish: A visionary new understanding of happiness and well-being*. Free Press.

Tuan, Y. F. (1977). *Space and place: The perspective of experience*. University of Minnesota Press.

Turkle, S. (2011). *Alone together: Why we expect more from technology and less from each other*. Basic Books.

United Nations. (2019). *World population ageing 2019: Highlights*. Department of Economic and Social Affairs. https://www.un.org

World Health Organization. (2021). *Decade of healthy ageing: Baseline report*. WHO. https://www.who.int

저자 소개

심재권

    저자는 문학 박사이자 행정학 박사로, 30여 년간 대학에서 학생들과 함께하며 인간관계론을 강의해 온 교육자이다. 오랜 강의와 연구를 통해 인간관계와 조직 속 삶의 본질을 탐구해 왔으며, 특히 저서 『AI 시대의 인간관계와 인성』을 통해 노년기 인간관계의 중요성을 강조했다. 이러한 연구는 인생 후반의 의미 있는 삶을 모색하는 깊은 통찰로 이어졌다.

    또한 국내에서 '지역학'을 본격적으로 확산시킨 주역으로, 지역의 정체성과 발전을 학문적으로 규명하는 동시에 공동체의 뿌리를 찾고 미래를 설계하는 연구와 활동을 통해 사회적 기여를 실천해 왔다. 이러한 노력은 학문적 성과를 넘어 지역과 사회 전반에 긍정적인 변화를 이끌어내는 원동력이 되었다.

    문학적 감수성과 행정학적 실천력을 바탕으로 은퇴자와 은퇴를 앞둔 이들에게 분명한 메시지를 전한다. "삶은 여전히 배우고, 일하며, 더 깊이 살아낼 수 있다." 나아가 노년일수록 지금 살아가는 지역이 가장 중요한 삶의 무대가 된다고 강조한다. 저자의 경험과 사유는 인생 후반기를 새롭게 설계하고자 하는 독자들에게 든든한 길잡이가 되어 줄 것이다.